말씀과
함께 읽는
천로
역정

말씀과 함께 읽는
천로역정

ⓒ 생명의말씀사 2020

2020년 8월 17일 1판 1쇄 발행
2024년 9월 10일 2쇄 발행

펴낸이 | 김창영
펴낸곳 | 생명의말씀사

등록 | 1962. 1. 10. No.300-1962-1
주소 | 서울시 종로구 경희궁1길 6 (03176)
전화 | 02)738-6555(본사) · 02)3159-7979(영업)
팩스 | 02)739-3824(본사) · 080-022-8585(영업)

지은이 | 하정완

기획편집 | 서정희, 정설아
디자인 | 조현진, 윤보람
인쇄 | 영진문원
제본 | 다온바인텍

ISBN 978-89-04-16723-4 (03230)

저작권자의 허락 없이 이 책의 일부 또는 전체를
무단 복제, 전재, 발췌하면 저작권법에 의해 처벌을 받습니다.

THE PILGRIM'S PROGRESS

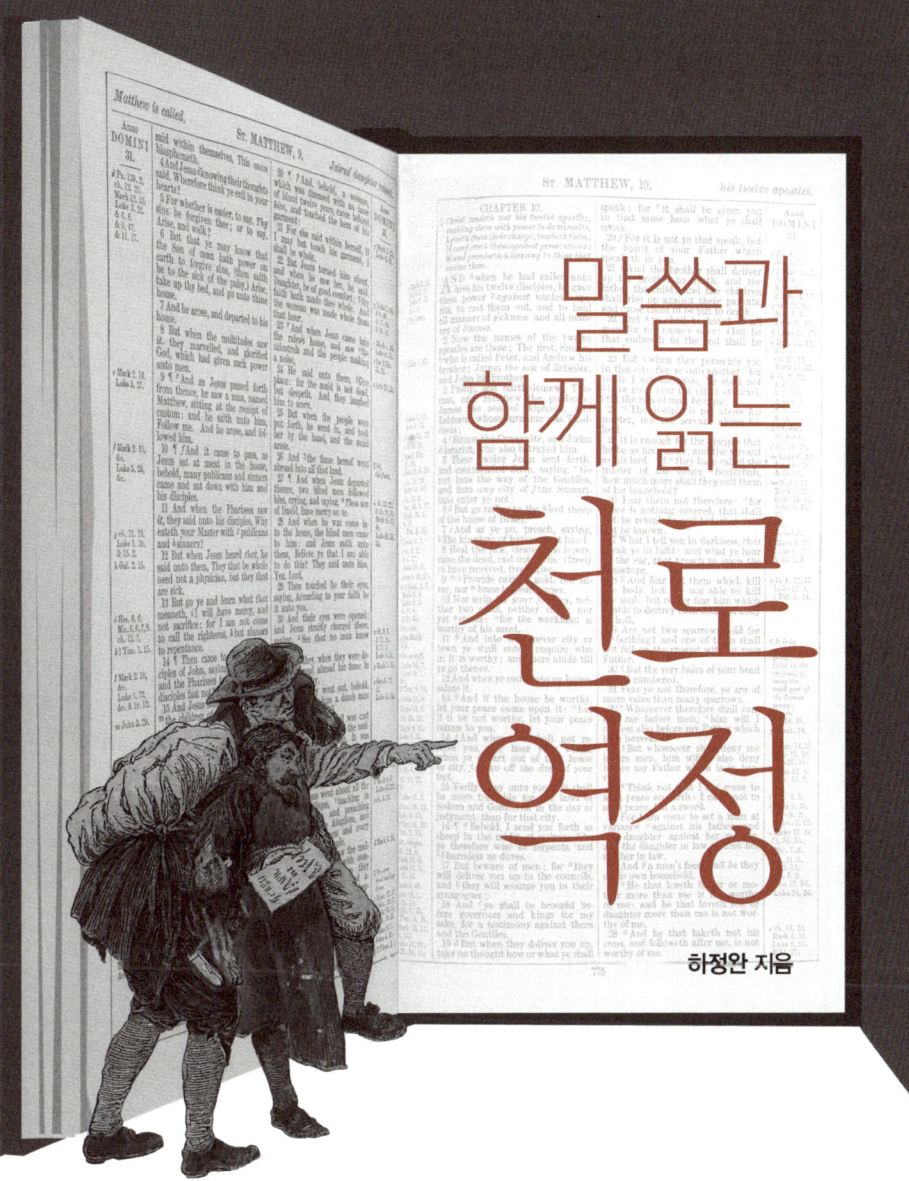

말씀과
함께 읽는
천로
역정

하정완 지음

서문

복음을 설명하는 소설 『천로역정』

　사람들은 보통 『천로역정』을 신앙 소설로 생각합니다. 장차 멸망할 이 세상을 떠나 하나님 나라(천성)까지 가는 크리스천 순례자의 여정을 묘사하고 있기 때문입니다. 하지만 『천로역정』은 단순한 소설이 아닙니다. 조금만 유심히 읽어 보면 이 책은 처음부터 마지막까지 성경을 인용합니다. 성경이 『천로역정』의 중심입니다. 그래서 시작도 성경입니다.

　『천로역정』의 주인공 크리스천이 순례의 길을 떠나는 이유는 그가 읽고 있는 책, 성경 때문입니다. 성경을 읽으면서 크리스천은 자신의 죄의 무게를 느꼈습니다. 그런데 읽으면 읽을수록 그 무게가 더해 갔습니다. 이를 견딜 수 없던 크리스천이 고통스러워하다가 진노와 심판을 피해 길을 떠나는 것으로 『천로역정』은 시작됩니다. 그러므로 『천로역정』을 읽을 때 매우 주의해야 할 것은 바로 성경입니다. 성경으로 쓴 책이 『천로역정』이기 때문입니다.

존 번연은 왜 이렇게 쓴 것일까요? 1644년 크롬웰이 이끌었던 청교도 혁명에 군인으로 참전했던 그는 군 복무를 마친 후 청교도 출신의 여인과 결혼했습니다. 그리고 경건한 아내의 영향으로 예수님을 영접하고 독실한 크리스천이 되었습니다. 그 후 평신도이지만 열심 있는 복음 전도자로 활동했습니다. 하지만 번연은 영국 국교회와 일치하지 않는 예배를 집행한 혐의로 체포되어 12년 동안 감옥살이를 하게 되었습니다. 그때 성경 연구를 하면서 『천로역정』을 쓰기 시작했던 것 같습니다. 그러므로 『천로역정』은 소설이지만 성경 없이 해석하는 것은 불충분합니다.

존 번연은 자신이 복음을 전했던 대상들을 염두에 두고 복음을 설명하기 위해 이 책을 썼습니다. 『천로역정』은 일종의 '복음 설명 소설'이라 할 수 있는 것입니다. 그런 까닭에 『천로역정』은 초신자들이 갖는 질문과 어려움에 대해 잘 설명하고 있으며 복음에 집중된 이야기로 전개됩니다. 이 책을 읽다 보면 다음과 같은 복음의 기본 질문들에 대한 답을 찾을 수 있습니다.

우리가 사는 세상을 어떻게 정의해야 하는가?
나를 누르는 죄의 짐은 어떻게 해결되는가?
율법과 행위 없이 믿음만으로 충분한가?
성경을 읽을 때 우리에게 어떤 일이 생기는가?
복음이란 무엇인가?
십자가는 어떤 의미가 있는가?
천국과 지옥은 있는가?
성경은 실제적으로 어떤 역할을 하는가?

신앙은 무엇이고 교회는 어떤 곳인가?
사단과의 싸움에서 승리하는 방법은 무엇인가?

계속 순례의 길을 걸어가던 크리스천 순례자는 어느 시점인가부터 초신자였던 단계를 지나 보통 크리스천의 길로 걸어갑니다. 이때부터 존 번연은 보통 크리스천들이 이 세상을 살면서 겪는 문제들을 다룹니다.

세속 세상에서 크리스천은 어떤 어려움을 만나게 되는가?
영적 침체는 어떻게 극복할 수 있는가?
왜 공동체와 지체들이 필요한가?
영적인 생활은 어떻게 해야 하는가?
하나님의 평화를 즐기며 걷는 법은 무엇인가?
성령께서는 어떻게 우리를 도우시는가?
즐거운 세상에 머물고 싶은 욕망은 어떻게 해야 하는가?
시험을 만날 때 어떻게 해야 하는가?

존 번연은 이런 물음들을 성경으로 해석하여 『천로역정』을 썼습니다. 그런 까닭에 『천로역정』을 성경으로 읽기 시작하면 매우 선명하게 드러나는 메시지가 있습니다. 그것은 우리가 반드시 승리할 것이며 하나님 나라에 이르게 되리라는 메시지입니다. 존 번연은 그 여정을 잘 견디며 승리하는 길을 훌륭하게 묘사했습니다. 그런 의미에서 『천로역정』은 우리가 신앙생활을 하면서 만나는 주요한 문제들을 어떻게 대처하고 해결할지 안내해 주는 신앙 안내서라 할 수 있습니다.

이제 의문이 풀릴 것입니다. 『천로역정』이 왜 성경 다음으로 많이 읽혔는지에 관해서 말입니다. 성경으로 『천로역정』을 쓴 까닭에 이 책을 읽으면 성경 말씀이 보이고 복음이 쉽게 이해됩니다. 그래서 그토록 많은 사람이 읽고 감명을 받은 것입니다.

따라서 제가 집중했던 것은 존 번연이 직접 표현하지는 않았지만 풍부하게 인용된 성경 말씀들을 끄집어내어 해석하는 것이었습니다. 실제로 존 번연이 사용한 상징과 은유를 풀어 성경으로 『천로역정』을 읽을 때 복음의 내용이 명료해지는 것을 느낄 수 있었습니다. 실로 놀라운 책이 아닐 수 없습니다. 그러므로 원작 『천로역정』을 꼭 함께 읽으시길 바랍니다. 그때 소설의 내용이 함께 그려지면서 더 깊은 은혜를 느끼게 될 것입니다.

이 아름다운 불후의 명작 『천로역정』을 말씀으로 풀 기회를 주신 하나님께 감사드립니다. 늘 함께해 온 꿈이있는교회 지체들과 아내이자 동역자인 서은희와 기쁨을 함께하고 싶습니다. 또한 이 책을 출간하느라 수고한 생명의말씀사 편집부에도 감사를 드립니다.

하정완 목사

* **일러두기**
본서의 『천로역정』 본문과 그림은 『쉽게 읽는 천로역정』(생명의말씀사)의 내용을 사용했습니다.

존 번연에 대하여

천성을 향해 쉼 없이 나아간 열정의 복음 전도자

존 번연은 1628년 영국 베드퍼드 인근 엘스토우에서 가난한 대장장이의 아들로 태어나 학교에서 읽기와 쓰기 정도의 기본 교육만 받고 가업을 이어받았습니다. 정치적 혼란기였던 당시 번연은 16세에 청교도 혁명에 징집되어 의회파 군대에 입대했습니다(1644년).

1647년 군을 제대하고 고향으로 돌아온 번연은 1649년 청교도인 메리와 결혼했습니다. 가난했던 메리는 번연과 결혼할 때 혼수 대신 아서 덴트의 『평범한 사람이 하늘에 이르는 좁은 길』(The Plain Man's Pathway to Heaven)과 루이스 베일리의 『청교도에게 배우는 경건』(The Practice of Piety)이라는 두 권의 신앙 서적을 가져왔습니다. 번연은 그 책들을 읽으며 예수를 주로 고백하는 회심을 체험합니다. 청교도적 기독교인이 되는 경험이었습니다.

1653년 번연은 존 기퍼드 목사를 만나 교회에 출석하기 시작하고 세례를 받습니다. 1655년에는 평신도로서 설교를 하기 시작했습니다. 그러나 찰스 2세의 왕정이 복구되고 국교회를 제외한 교회의 집회가 금지되자 1660년 결국 번연은 법을 어기고 설교했다는 이유로 체포되어 12년간 감옥살이를 했습니다. 감옥에 갇힌 동안 번연은 영적 자서전인 『넘치는 은혜』(Grace Abounding to the Chief of Sinners)를 비롯해 여러 권의 책을 저술했습니다.

1672년 찰스 2세가 비국교도들에 대해 관용 선언을 공포함에 따라 번연은 감옥에서 나올 수 있었고, 다른 비국교파 목사들과 함께 베드퍼드와 주변 마을에서 설교도 할 수 있게 되었습니다. 그러나 박해가 다시 시작되어 1676년 또다시 감옥에 갇히게 되었습니다. 『천로역정』 1부는 두 번째로 석방된 직후, 1678년 2월에 출판된 것으로 보아 첫 번째 투옥 때 쓰기 시작한 것으로 추정됩니다.

번연은 계속해서 베드퍼드 교회 및 이 교회와 결연을 한 동부의 국교회들을 돌보았습니다. 문학 작품에 힘입어 갈수록 명성이 커지자 런던에 있는 회중교회에서도 설교를 하게 되었습니다.

1684년에는 『천로역정』 2부를 출간했는데, 크리스천의 아내 크리스티나가 자녀들을 데리고 순례하는 이야기를 담고 있습니다. 번연은 목회자로서 맡은 책임이 컸지만 생애 마지막까지 시간을 내어 수많은 작품을 집필했습니다.

그의 관심은 온통 복음이었기에 목사, 설교자, 집필자로 활동하는 모든 사역에 복음이 배어 있었습니다. 그래서 그에게 쉼은 없었습니다. 번연은 1688년 말씀을 전하기 위해 여러 지역을 방문하다가 열병에 걸려 런던에서 하나님의 부르심을 받고, 천성을 향해 쉼 없이 나아간 천로역정을 끝맺습니다.

차례

서문 복음을 설명하는 소설 『천로역정』 4
존 번연에 대하여 천성을 향해 쉼 없이 나아간 열정의 복음 전도자 8

Part 1. 멸망의 도시를 떠나 십자가 앞으로

1. 죄에 대해 고민해야 한다   18
   _ 성경을 읽다가 고민이 시작되다(계 20:11-15)

2. 전력 질주해야 한다   26
   _ 전력 질주의 걸림돌, 고집과 변덕쟁이를 만나다(히 12:1-2)

3. 주위를 살피지 않고 걷는 것이 문제다   33
   _ 천국의 환상을 설명하다 절망의 수렁에 빠지다(롬 7:19-20)

4. 죄는 가볍게 할 수 없다   42
   _ 세상 현자를 만나 죄를 가볍게 하는 법을 논하다(롬 7:22-25)

5. 쉬우면서도 쉽지 않다   49
   _ 전도자를 만나 도움을 얻고 좁은 문으로 들어가다(마 7:13-14)

6. 복음으로 새롭게 하라   57
   _ 해석자의 도움으로 거실로 들어가다(갈 3:13)

7. 남겨 두는 것, 그리움의 신앙　　67
　　_ 세 번째 방에서 정욕과 인내를 만나다(갈 2:20)

8. 은혜의 불길은 꺼지지 않는다　　74
　　_ 네 번째 방에서 불이 꺼지지 않는 이유를 보다(계 19:11-16)

9. 현재 하나님 나라를 경험하는 방법　　80
　　_ 궁전으로 들어가기 위해 도전한 한 사나이를 보다(행 14:22)

10. 용서받을 수 없는 시간이 올 수 있다　　87
　　_ 철창에 갇힌 한 남자를 만나다(히 6:4-6)

11. 천국과 지옥, 심판과 재림은 있다　　97
　　_ 침대에서 떨고 있는 한 남자를 만나다(살전 4:16-17)

Part 2. 십자가에서 앞만 보고 걸어가다

12. 앞만 보고 달려가야 한다　　106
　　_ 십자가 앞에서 죄의 짐이 벗겨지다(히 10:22-25)

13. 우리의 죄는 없는 것과 같다　　113
　　_ 몸에서 광채가 나는 세 사람을 만나다(시 121편)

14. 신앙은 내 길을 가는 것이 아니다　　119
　　_ 천박, 나태, 거만을 만나다(사 53:6)

15. 다시는 좁은 길을 선택하지 못할지도 모른다　　124
　　_ 허례와 위선을 만나다(요 10:1)

16. 과장된 실체였다　　130
　　_ 겁쟁이와 의심쟁이를 만나다(벧전 5:7-10)

17. 이것이 교회다　　136
　　_ 아름다움이라는 저택에 거하다(시 133:1-3)

18. 혼자 가야 한다　　142
　　_ 다시 혼자 떠나다(눅 22:59-65)

19. 복종하고 대적하라　　150
　　_ 겸손의 골짜기에서 아볼루온을 만나다(약 4:6-10)

20. 누군가 앞서가는 이가 있다　　157
　　_ 사망의 음침한 골짜기를 지나가다(히 12:1-2)

21. '나중 된 자가 먼저 되고'의 의미　　165
　　_ 그토록 만나고 싶었던 믿음을 만나다(눅 13:30)

Part 3. 고통이 있지만 그 길을 걸어가다

22. 말뿐인 신앙이 위험하다　　174
    _ 수다쟁이를 만나다(약 2:14-26)

23. 고통 없는 순례길이 있겠는가　　185
    _ 허영의 시장에 들어서다(딤후 3:1-5)

24. 다른 존재였기 때문이다　　190
    _ 허영의 시장, 세상이 소란해지다(행 19:17-29)

25. 분명하게 거절하라　　197
    _ 두 마음과의 동행을 거절하다(왕상 18:21)

26. 하나님인가, 떡인가　　204
    _ 두 마음, 세상 집착, 돈을 사랑함, 인색의 공격(요 6:16-40)

27. 틀림없이 뻔한 것　　212
    _ 데마와 두 마음 일행(잠 30:7-9)

28. 하나님의 평화를 즐기라　　218
    _ 돌기둥이 된 롯의 아내(빌 4:6-14)

29. 그 길을 가는 것이 중요하다　　224
    _ 샛길 초원으로 갔다가 의심의 성을 만나다(시 51편)

30. 힘을 얻는 데 그치지 말고 잘 사용하라　　232
    _ 기쁨의 산에서 목자들을 만나다(고전 3:18-23)

Part 4. 드디어 하나님 나라에 이르다

31. 작은 믿음의 문제   240
_ 어려운 신앙 여행을 한 작은 믿음(마 8:23-27)

32. 강요하지 않으시는 하나님   247
_ 두 갈래 길에서 옳은 길을 찾지 못하다(시 23:1-6)

33. 좋은 친구가 있어야 한다   255
_ 무신론자의 말에 크리스천이 흔들리다(잠 19:27)

34. 하나님의 말씀이 해답이다   262
_ 무지가 무지한 자가 된 이유(시 119:89-105)

35. 올바른 두려움은 아름답다   269
_ 무지가 지옥에 간 이유(잠 1:7)

36. 그리스도께 속한 사람   276
_ 한때 믿음에 대해 이야기하다가(롬 14:7-8)

37. 뿔라, 이 세상의 천국   282
_ 천성에 이르기 전, 뿔라를 지나가다(사 62:4)

38. 세상에서 사는 동안 주님을 사랑한 사람   291
_ 천성에 들어가다(요 14:21)

Part 1.

멸망의 도시를 떠나
십자가 앞으로

1. 죄에 대해 고민해야 한다
_ 성경을 읽다가 고민이 시작되다(계 20:11-15)

『천로역정』은 한 남자(나중에 이름이 크리스천으로 바뀝니다)가 영적으로 깨어나는 과정으로 시작합니다. 그는 죄에 대한 문제로 고민하고 있었습니다.

그는 책을 펴서 읽다가 몸을 떨며 흐느껴 울기를 거듭하다 더 이상 참지 못하고 갑자기 안타깝게 울부짖었다.
"아, 나는 어떻게 해야 하나?"(행 2:37; 16:30; 합 1:2-3)

말씀을 들을 때 고민이 시작된다

'고민하다!' 이것이 시작입니다. 모든 영적 부흥은 죄에 대한 고민에서 시작되었습니다.

오순절 성령 사건 이후 베드로가 예루살렘 저잣거리에 나가서 말씀을 전하기 시작했습니다. 사실 베드로의 설교는 상상할 수 없을 만큼 놀라웠습니다. 베드로는 다윗의 시편 16편을 인용하여 다윗이 봤던 그 주가 바로 예수 그리스도라고 증거했습니다.

다윗이 그를 가리켜 이르되 내가 항상 내 앞에 계신 주를 뵈었음이여 나로 요동하지 않게 하기 위하여 그가 내 우편에 계시도다(행 2:25 / 시 16:8 참조).

더 놀라운 사실은 베드로가 시편을 인용하여 다윗이 예수 그리스도의 부활을 알고 있었다고 증거한 것입니다.

이는 내 영혼을 음부에 버리지 아니하시며 주의 거룩한 자로 썩음을 당하지 않게 하실 것임이로다(행 2:27 / 시 16:10 참조).

구약에 대한 엄청난 이해가 돋보이는 해석입니다. 제대로 신학 공부를 한 적이 없었을 어부 출신 베드로가 이 기막힌 해석을 한 것입니다. 그런데 거기서 끝이 아니었습니다. 베드로는 한 걸음 더 나아가 이렇게 외쳤습니다.

이 예수를 하나님이 살리신지라 우리가 다 이 일에 증인이로다(행 2:32).

그뿐 아니라 베드로는 시편 110편을 인용하여 지금은 하나님 우편에 앉아 계신 예수 그리스도를 증거하며 하나님이 그 예수를 "주와 그리스도"가 되게 하셨다는 놀라운 비밀을 말했습니다.

> 이스라엘 온 집은 확실히 알지니 너희가 십자가에 못 박은 이 예수를 하나님이 주와 그리스도가 되게 하셨느니라(행 2:36).

베드로의 이 기막힌 성경 해석을 듣고 이스라엘 사람들은 자신들의 죄에 대해 생각했습니다. 그들의 마음에 강력한 찔림이 생겼습니다. 그 찔림에서 나온 탄식은 『천로역정』 속 크리스천의 탄식과 같은 것이었습니다.

> 그들이 이 말을 듣고 마음에 찔려 베드로와 다른 사도들에게 물어 이르되 형제들아 우리가 어찌할꼬 하거늘(행 2:37).

'말씀을 들을 때 고민이 시작된다!' 말씀이 우리를 영적으로 깨어나게 합니다. 이것이 바로 우리가 말씀을 들어야 하는 이유입니다. 그러므로 교회가 가르쳐야 할 것은 성경입니다. 두말할 것도 없습니다. 어떻게 말씀을 가르칠 것인가, 그것이 교회의 최고 관심사여야 합니다.

성경은 그 자체로 하나님의 계시입니다. 말씀이 우리에게 비춰질 때 우리는 어떤 형태로든 결단하게 됩니다. 우리 자신이 보이기 때문입니다.

> 하나님의 말씀은 살아 있고 활력이 있어 좌우에 날 선 어떤 검보다도 예리하여 혼과 영과 및 관절과 골수를 찔러 쪼개기까지 하며 또 마음의 생각과 뜻을 판단하나니 지으신 것이 하나도 그 앞에 나타나지 않음이 없고

우리의 결산을 받으실 이의 눈앞에 만물이 벌거벗은 것같이 드러나느니라(히 4:12-13).

심판을 생각하다

"아, 나는 어떻게 해야 하나?" 죄에 대한 인식으로 터져 나온 이 깊은 탄식이 순례의 시작이었습니다.

바로 그때였습니다. 크리스천 앞에 한 사람이 나타났습니다. 그의 이름은 **전도자**(Evangelist)였습니다.

> 전도자 : 왜 울고 있습니까?
> 순례자 : 예, 저는 제가 가진 이 책을 읽고 나서 내가 죽을 수밖에 없으며, 죽고 난 뒤에도 심판을 받게 되리라는 사실을 알게 되었습니다(히 9:27). 그런데 나는 죽고 싶지도 않고(욥 16:21-22) 죽음 이후의 심판도(겔 22:14) 받을 용기가 없습니다.
> 전도자 : 이 세상에 살면서 많은 악을 볼 텐데 왜 죽고 싶어 하지 않죠?
> 순례자 : 내 등에 있는 짐이 나를 무덤보다 더 깊은 곳으로 빠지게 하여 마침내 도벳(사 30:33, 예루살렘 근처의 쓰레기장, 지옥의 상징)으로 떨어지게 될까 봐 두렵기 때문입니다.

어떤 이들은 『천로역정』을 좋은 문학 작품 정도로 말합니다. 그 이유 중 하나는 지옥에 관한 이야기 때문입니다. 지옥을 말하는 것이 철 지난 이야기처럼 들리기 때문입니다. 길에서 듣는 "예수 천당 불신 지옥"이라는 말이 거부감을 더하게 한 것도 사실입니다.

하지만 지옥은 어떤 형태로든지 존재합니다. 단테가 『신곡』에서 논한 지옥은 아닐지라도, 무엇보다 성경이 지옥을 말하기 때문입니다. 범죄로 지옥에 가는 것에 대해 주님은 이렇게 말씀하셨습니다.

> 만일 네 눈이 너를 범죄하게 하거든 빼어 내버리라 한 눈으로 영생에 들어가는 것이 두 눈을 가지고 지옥 불에 던져지는 것보다 나으니라(마 18:9).

> 몸은 죽여도 영혼은 능히 죽이지 못하는 자들을 두려워하지 말고 오직 몸과 영혼을 능히 지옥에 멸하실 수 있는 이를 두려워하라(마 10:28).

설령 지옥을 상징으로 처리한다 하더라도 심판에 대한 말씀이 성경에 무수히 기록되어 있다는 것을 알아야 합니다. 신약에 나온 몇 개의 구절만 소개해 보겠습니다.

> 한번 죽는 것은 사람에게 정해진 것이요 그 후에는 심판이 있으리니(히 9:27).

> 나를 저버리고 내 말을 받지 아니하는 자를 심판할 이가 있으니 곧 내가 한 그 말이 마지막 날에 그를 심판하리라(요 12:48).

> 이는 우리가 다 반드시 그리스도의 심판대 앞에 나타나게 되어 각각 선악

간에 그 몸으로 행한 것을 따라 받으려 함이라(고후 5:10).

요한계시록에는 마지막 날에 반드시 심판이 있다는 것을 명시하고 있습니다.

또 내가 보니 죽은 자들이 큰 자나 작은 자나 그 보좌 앞에 서 있는데 책들이 펴 있고 또 다른 책이 펴졌으니 곧 생명책이라 죽은 자들이 자기 행위를 따라 책들에 기록된 대로 심판을 받으니(계 20:12).

그렇다면 왜 심판과 지옥이 이처럼 흐릿해진 것입니까? 무엇 때문입니까? 그것은 심판의 특성 때문입니다. 믿는 자들에게 심판은 천국을 말합니다. 믿는 자들에게는 죄에 대한 정죄함이 없습니다.

그러므로 이제 그리스도 예수 안에 있는 자에게는 결코 정죄함이 없나니 이는 그리스도 예수 안에 있는 생명의 성령의 법이 죄와 사망의 법에서 너를 해방하였음이라(롬 8:1-2).

더욱이 믿는 순간 이미 영생을 얻고 생명으로 옮겨졌습니다.

내가 진실로 진실로 너희에게 이르노니 내 말을 듣고 또 나 보내신 이를 믿는 자는 영생을 얻었고 심판에 이르지 아니하나니 사망에서 생명으로 옮겼느니라(요 5:24).

이 모든 것 중에 가장 중요한 사실은 하나님의 목적이 심판이 아니라 구원에 있다는 것입니다. 그래서 독생자 예수를 보내신 것입니다.

하나님이 그 아들을 세상에 보내신 것은 세상을 심판하려 하심이 아니요 그로 말미암아 세상이 구원을 받게 하려 하심이라(요 3:17).

물론 우리를 약간 혼란스럽게 하는 성경 구절이 있는 것처럼 보입니다. 바로 요한복음 12장 47절 말씀입니다.

사람이 내 말을 듣고 지키지 아니할지라도 내가 그를 심판하지 아니하노라 내가 온 것은 세상을 심판하려 함이 아니요 세상을 구원하려 함이로라(요 12:47).

이 본문을 가지고 심판이 없다거나 지옥이 없다고 설명해서는 안 되는 이유는 이어지는 48절 말씀 때문입니다.

나를 저버리고 내 말을 받지 아니하는 자를 심판할 이가 있으니 곧 내가 한 그 말이 마지막 날에 그를 심판하리라(요 12:48).

48절 말씀에 비추어 볼 때 47절의 "사람이 내 말을 듣고 지키지 아니할지라도"라는 말씀은 48절과 같이 주님을 믿지 않는다는 뜻이 아니라 '주님의 말씀대로 온전히 살지 못할지라도'라는 뜻임을 알 수 있습니다. 그러므로 47절은 주님의 은혜를 강조하는 구절인 것입니다.

분명히 우리 앞에 심판이 있을 것입니다. 그때 우리는 오늘 주신 말씀처럼 심판에서 놓임 받을 것입니다. 이 같은 확신을 성령이 우리 안에 허락하실 것입니다. 우리가 주님을 사랑하는 그 사랑이 우리에게 담대함을 갖게 할 것입니다.

이로써 사랑이 우리에게 온전히 이루어진 것은 우리로 심판 날에 담대함을 가지게 하려 함이니 주께서 그러하심과 같이 우리도 이 세상에서 그러하니라(요일 4:17).

'심판이 있다! 지옥이 있다!' 존 번연이 강조하는 이 사실이 오늘 우리 시대에는 사라져 버린 가르침이 되었습니다. 그런데 이 놀라운 인식이 신앙의 시작이라는 것을 잊어서는 안 됩니다.

2. 전력 질주해야 한다
_ 전력 질주의 걸림돌, 고집과 변덕쟁이를 만나다(히 12:1-2)

죄로 인한 진노와 지옥에 대한 두려움, 그것이 크리스천의 두려움이었습니다. 그러한 크리스천에게 전도자는 빛을 향해 가라고 말했습니다.

전도자 : (크고 넓은 들판을 가리키면서) 저쪽에 조그마한 문이 보입니까?(마 7:13-14)
순례자 : 안 보이는데요.
전도자 : 저쪽에 반짝이는 빛은 보입니까?(시 119:105; 벧후 1:19)
순례자 : 보이는 것 같습니다.
전도자 : 저 빛을 계속 바라보면서 그리로 곧장 가십시오. 그러면 좁은 문이 나타날 것입니다. 거기서 문을 두드리면 누군가가 나와서 당신이 어떻게 해야 할지 알려 줄 것입니다.

나는 꿈속에서 그 사람이 전도자가 가르쳐 준 방향으로 달려가는 것을 보았다. 그가 아직 자기 집에서 멀리 떨어지지 않았을 때, 아버지가 떠나고 있다는 사실을 알고서 아내와 아이들은 그의 등 뒤에서 돌아오라고 울며 소리치기 시작했다. 그렇지만 그는 손가락으로 양쪽 귀를 틀어막고 계속 뛰어가면서 "생명이야, 생명, 영원한 생명이 있는 곳으로 가는 거야!"(눅 14:26)라고 외쳤다. 그는 뒤도 돌아보지 않고(창 19:17) 들판 한가운데로 내달렸다.

버리기 쉽지 않다

"빛을 계속 바라보면서 그리로 곧장 가는 것", 이것이 복음을 받은 자의 태도입니다. 진실로 옳은 모습입니다. 왜 그렇습니까? 빛, 곧 가능성을 보았기 때문입니다. 하지만 아직 신앙의 길에 제대로 들어선 것이라고 말할 수는 없습니다.

예수님이 제자들을 불러 "사람을 낚는 어부가 되게 하겠다"고 말씀하셨을 때 제자들은 그 말씀이 무엇을 뜻하는지 알지 못했습니다. 모든 것이 불확실해 보였습니다. 하지만 제자들이 예수님을 따른 이유는 예수 그리스도에게서 빛을 보았기 때문입니다.

사실 처음 교회에 나오는 것은 쉽습니다. 그래서 교회에 왔는데 빛이 보입니다. 문제는 어렴풋하다는 것입니다. 즉, 분명하지가 않습니다. 예수님을 믿는 것은 쉬워 보이지만 무엇인가 희미합니다. 분명히 누구든지 믿으면 구원을 얻지만 불확실해 보입니다.

왜 그런 것입니까? 그 이유는 우리가 타락한 존재이기 때문입니다. 우

전도자가 좁은 문을 향해 떠나라고 지시하고 있다

리는 존재론적으로 죄에 대한 경향성을 가지고 있습니다. 쉽게 말해서 죄를 좋아하고 죄를 향해 기울어져 있는 것입니다. 주님을 믿기로 했음에도 그렇습니다. 마르틴 루터가 했던 말 속에 그 진실이 담겨 있습니다.

We sin because we have to.
우리는 죄를 짓습니다. 죄를 지을 수밖에 없으니까.

저는 이렇게 표현하고 싶습니다.

We sin because we love to sin.
우리는 죄를 짓습니다. 죄를 사랑하니까.

원래 죄는 즐겁습니다. 죄는 즐거움의 극치를 주기도 합니다. 그래서 내려놓기가 힘듭니다. 너무 분명하기 때문입니다.
그렇게 죄 가운데 살던 사람이 믿음을 갖게 된 것입니다. 그런데 죄 된 삶을 포기하지 못하고 여전히 죄에 머물며 삽니다. 그래서 믿음이 희미한 것입니다. 전력 질주는 더욱더 힘듭니다. 그래서 깊이 있는 신앙의 길로 들어서지 못하는 것입니다. 갑자기 믿음을 포기하고 싶을 때도 있습니다. 그래서 많은 사람이 예수님을 온전히 믿지 못하는 것입니다. 멸망의 도시에서 크리스천을 쫓아온 **고집**(Obstinate)과 **변덕쟁이**(Pliable)가 그러했습니다.
고집과 변덕쟁이는 크리스천을 설득해서 함께 마을로 돌아가려고 했습니다. 하지만 크리스천은 그들에게 멸망의 도시에 있으면 멸망하게 된다는 사실을 단호하게 말합니다. 그때 고집이 말합니다.

뭐요? 사랑하는 가족들과 친구들, 소중한 재산들을 내버려 두고 떠나라는 말이오?

크리스천은 고집의 말을 이렇게 일축합니다.

그러한 것들은 모두 내가 누리고자 하는 것에 비하면 아주 하찮은 것들입니다(고후 4:18).

하지만 고집은 포기할 수 없었습니다. 포기하지 못해서 예수님을 믿지 못하는 것입니다. 고집이라는 이름은 영어로 'Obstinate'로 '없애기 힘든'이라는 의미입니다. 고집이 화들짝 놀란 이유는 세상에서 즐기고 있는 삶을 사랑해서입니다. 그것이 비록 죄일지라도 세상을 버릴 수 없는 것입니다.

크리스천이 되기를 다짐한 사람들에게 다가오는 첫 번째 유혹은 상징적으로 말해서 'Obstinate', 곧 버릴 수 없는 세상입니다. 정말 버리기 쉽지 않습니다. 세상이 주는 즐거움과 행복, 쾌락을 포기하기란 정말 어려운 일입니다. 신앙을 시작하지만 이 부분에서 무너지는 사람이 많습니다. 내가 그동안 즐기고 사랑했던 것을 버려야 하기 때문에 믿음이 쉽지 않은 것입니다.

꿋꿋하게 경주하라

예수님을 믿는 것은 '없애기 힘든'(고집) 즐거움, 죄의 즐거움을 버리는 것으로 이어져야 합니다. 죄 된 삶의 방식을 유지하며 믿음의 깊이가 깊어지는 것은 불가능한 일이기 때문입니다.

우리에게 필요한 것은 또 다른 의미의 고집하는 신앙, 곧 '전력 질주'하는 삶의 태도입니다. 희미해 보이고 아직 분명히 확인하지 못했을지라도 전도자와 같이 진리를 아는 자의 말을 듣고 꿋꿋하게 경주해야 합니다.

우리가 경계해야 할 이들은 고집처럼 '버리기 힘든' 세상적 삶을 여전히 살면서 대충 믿는 신앙인들입니다. 교회는 그런 점에서 중요합니다. 우리가 세상적 삶을 살면서 신앙생활을 하거나 세상으로 돌아가려는 것을 막아 주는 역할을 하기 때문입니다. 견고하고 좋은 지도자를 만나는 것은 축복입니다. 그를 통하여 주님을 볼 수 있고 시선을 고정할 수 있기 때문입니다.

우리는 히브리서 12장 2절 말씀을 좋아합니다. 분명한 목표이신 주님을 바라보는 것이 중요하기 때문입니다.

> 믿음의 주요 또 온전하게 하시는 이인 예수를 바라보자 그는 그 앞에 있는 기쁨을 위하여 십자가를 참으사 부끄러움을 개의치 아니하시더니 하나님 보좌 우편에 앉으셨느니라(히 12:2).

하지만 12장 1절 말씀이 사실은 더 중요합니다. 꿋꿋하게 경주한 사람들이 보이기 때문입니다. 그들을 보면서 우리가 힘을 얻을 수 있기 때문입니다.

이러므로 우리에게 구름같이 둘러싼 허다한 증인들이 있으니 모든 무거운 것과 얽매이기 쉬운 죄를 벗어 버리고 인내로써 우리 앞에 당한 경주를 하며(히 12:1).

또 다른 형태의 고집이 우리에게 필요합니다. 포기하지 말고 전력 질주해야 하는 것입니다. 내가 살아왔던 세상적 삶의 방식을 벗어나야 하기 때문입니다.

3. 주위를 살피지 않고 걷는 것이 문제다
_ 천국의 환상을 설명하다 절망의 수렁에 빠지다(롬 7:19-20)

빛을 바라보면서 좁은 문을 향해 전력 질주하는 것, 이것은 쉽지 않습니다. 고집을 만난 것처럼 '버릴 수 없는 세상, 버리기 힘든 세상, 그 즐거움'이 존재하기 때문입니다.

오해

크리스천이 또 한 사람, 변덕쟁이를 만납니다. 그는 크리스천의 생각과 결정을 지지했습니다. 그리고 그 길을 동행하겠다고 나섰습니다. 변덕쟁이는 특히 영원한 생명과 하나님 나라에 대한 설명을 듣고 감격했습니다.

변덕쟁이 : 그 이야기를 들으니 말할 수 없이 기쁩니다. 그렇지만 그런 즐

거움을 과연 누리게 될까요? 어떻게 하면 우리도 그곳에서 기쁨을 함께 맛보는 사람들이 될 수 있을까요?

크리스천 : 그 나라의 주인 되시는 하나님께서 이 책에 말씀하셨습니다(사 55:1-2; 요 6:37; 7:37; 계 21:6; 22:17). 무엇보다도 우리가 진정으로 하나님 나라를 얻고자 사모한다면 우리에게 값없이 그냥 주시겠다고 말입니다(사 55:1-3).

그런데 크리스천과 변덕쟁이는 행복한 신앙 여행에서 큰 어려움을 만납니다. 비로 절망의 수렁이있습니다.

나는 꿈에서 크리스천과 변덕쟁이가 이야기를 막 끝내고 들판 한복판에 있는 진흙투성이의 수렁 가까이로 가는 것을 보았다. 주위를 살피지 않고 서둘러 걸었던 두 사람은 갑자기 수렁에 빠지고 말았다. 그곳은 바로 '절망의 수렁'이라 불리는 곳이었다. 두 사람은 진흙으로 온통 뒤범벅이 된 채 얼마 동안 허우적거렸다.

변덕쟁이는 이 기막힌 상황에서 빠져나오자마자 사라져 버립니다. 그가 분노하며 남긴 말입니다.

이게 지금까지 당신이 내게 떠들어 대던 행복이오? 길을 나선 처음부터 이 모양이면 앞으로는 얼마나 더 험한 꼴을 당해야 할지 누가 알겠소? 만일 여기서 살아난다면 나는 내가 살던 멸망의 도시로 다시 돌아갈 테요. 난 상관 말고 당신 혼자서나 그 기막힌 왕국인가 뭔가 하는 곳에 가보시오.

믿음의 방식을 변질시키다

'오직 빛을 향해 전력 질주하다!' 이것은 쉽지 않습니다. 죄 된 즐거움을 버리는 것이기 때문입니다. 여기서 적극적 해석의 신앙 형태가 등장합니다. 믿음을 세상적인 방식으로 해석하는 것입니다.

변덕쟁이가 그런 자였습니다. 크리스천이 말하는 하나님 나라의 축복을 들으면서 그는 그 축복을 세상과 동일시했습니다. 예수님을 믿으면 이 세상에서 잘 먹고 잘산다고 이해한 것입니다.

고집이 세상에서 즐겁고 행복하게 잘사는 삶을 추구하는 사람이라면, 변덕쟁이는 예수님을 믿지만 그 믿음으로 세상에서 즐겁고 행복한 삶을 사는 것을 꿈꾸는 사람입니다. 예수님을 믿으면 복을 누린다는 말을 매우 세상적이고 물질적으로 해석한 것입니다. 어떤 의미에서 예수님을 이용하는 것입니다. 상당수의 크리스천이 이런 방식으로 예수님을 믿습니다.

많은 이단, 잘못되고 왜곡된 신앙의 출발점이 여기에 있습니다. 이것에 사람들은 혹합니다. 행복하게 하니까, 행복을 주니까 말입니다. 하지만 주님을 믿는다는 것은 이같이 물질적인 것이 아닙니다. 오히려 주님은 이러한 생각들을 경계하셨습니다.

> 누구든지 자기 십자가를 지고 나를 따르지 않는 자도 능히 내 제자가 되지 못하리라(눅 14:27).

> 너희 중의 누구든지 자기의 모든 소유를 버리지 아니하면 능히 내 제자가 되지 못하리라(눅 14:33).

예수님이 한 부자 청년을 만나셨을 때입니다. 그 청년은 어려서부터 율법을 잘 지킨 좋은 사람이었습니다. 그가 예수님을 따르겠다고 하자 주님의 요청은 간단했습니다.

예수께서 그를 보시고 사랑하사 이르시되 네게 아직도 한 가지 부족한 것이 있으니 가서 네게 있는 것을 다 팔아 가난한 자들에게 주라 그리하면 하늘에서 보화가 네게 있으리라 그리고 와서 나를 따르라 하시니 그 사람은 재물이 많은 고로 이 말씀으로 인하여 슬픈 기색을 띠고 근심하며 가니라(막 10:21-22).

이어서 주님은 제자들에게 말씀하셨습니다.

낙타가 바늘귀로 나가는 것이 부자가 하나님의 나라에 들어가는 것보다 쉬우니라(막 10:25).

이 말씀은 부자가 천국에 들어갈 수 없다는 뜻이 아니라 그만큼 세상적인 부를 가진 자들은 그것을 포기하고 주님을 온전히 의지하기가 쉽지 않다는 말씀입니다. 그러므로 예수님이 청년에게 하신 말씀은 아마도 그가 구원받을 수 없다는 뜻이 아니라 단지 주님의 직계 제자가 되는 것이 적당하지 않다는 말씀일 수 있습니다.

이런 관점에서 볼 때 변덕쟁이는 잘못 생각하고 있었던 것입니다. 그런데 우리는 이렇게 생각합니다.

'하나님이 축복하셔서 부자가 되게 하셨다.'

'하나님이 축복하셔서 장관이 되게 하셨다.'

'하나님이 축복하셔서 좋은 대학에 들어가게 하셨다.'

틀린 말은 아니지만 부자가 되었다고 해서, 세상에서 성공했다고 해서 무조건 하나님이 그 사람을 축복하고 인정하셨다고 말할 수는 없습니다.

어떤 부자가 농사가 너무 잘되어서 곡식을 쌓아 둘 창고가 부족했습니다. 그래서 창고를 크게 다시 짓고 행복해하면서 자신의 영혼을 향해 이렇게 말했습니다.

영혼아 여러 해 쓸 물건을 많이 쌓아 두었으니 평안히 쉬고 먹고 마시고 즐거워하자(눅 12:19).

그런데 하나님이 그 부자에게 이렇게 말씀하셨습니다.

어리석은 자여 오늘 밤에 네 영혼을 도로 찾으리니 그러면 네 준비한 것이 누구의 것이 되겠느냐(눅 12:20).

하나님이 부자를 혐오하신 것입니까? 아닙니다. 이어지는 말씀에서 하나님의 마음을 읽을 수 있습니다.

자기를 위하여 재물을 쌓아 두고 하나님께 대하여 부요하지 못한 자가 이와 같으니라 또 제자들에게 이르시되 그러므로 내가 너희에게 이르노니 너희 목숨을 위하여 무엇을 먹을까 몸을 위하여 무엇을 입을까 염려하지 말라(눅 12:21-22).

이 말씀의 끝은 이렇습니다.

너희는 무엇을 먹을까 무엇을 마실까 하여 구하지 말며 근심하지도 말라 이 모든 것은 세상 백성들이 구하는 것이라 너희 아버지께서는 이런 것이 너희에게 있어야 할 것을 아시느니라 다만 너희는 그의 나라를 구하라 그리하면 이런 것들을 너희에게 더하시리라(눅 12:29-31).

부자냐 부자가 아니냐가 중요한 것이 아니라 바라보는 방향과 목적이 무엇인지가 더 중요합니다. 하나님 나라를 향하고 있는가가 중요한 것입니다.

크리스천은 변덕쟁이와 함께 걸으면서 천국에 대한 이야기와 장밋빛 꿈을 설명했습니다. 그러다가 두 사람은 **절망**(Despond)이라는 수렁에 빠지게 됩니다. 참 이상한 일입니다. 천국에 대한 이야기를 하면서 걸어왔는데 왜 절망에 빠진 것입니까?

지금까지 설명한 것처럼 첫째는 천국을 현실적인 복의 성취라는 개념으로 이해했기 때문입니다. 이 세상만 생각했기 때문에 낙심하고 절망에 빠진 것입니다. 이것은 변덕쟁이의 모습입니다.

둘째는 천국만 생각하며 현실은 염두에 두지 않는 삶의 태도 때문입니다. 괴로운 일이 있을 때 천국만 바라볼 뿐 현재는 도피하는 것입니다. 크리스천의 모습이 이러했습니다. 존 번연은 이것을 "주위를 살피지 않고 걷다"라고 표현했습니다.

나는 꿈에서 크리스천과 변덕쟁이가 이야기를 막 끝내고 들판 한복판에 있는 진흙투성이의 수렁 가까이로 가는 것을 보았다. 주위를 살피지 않고 서둘러 걸었던 두 사람은 갑자기 수렁에 빠지고 말았다. 그곳은 바로 '절망의 수렁'이라 불리는 곳이었다.

셋째로 생각해야 할 것은 절망의 수렁이 어떤 곳이냐입니다. 작중 화자 (나)가 **도움**(Helper)이란 사람에게 이렇게 묻습니다.

선생님, 이 수렁이 멸망의 도시에서 저 멀리 좁은 문으로 가는 길에 놓여 있어서 약한 여행자들이 빠지기 쉬운데, 그들이 안전하게 건너갈 수 있도록 땅을 고쳐 수렁을 메워 놓는 것이 어떨까요?

도움의 대답은 이러했습니다.

이 늪지를 메워 보려고 노력해 보았지만 그렇게 하기란 도저히 불가능했지요. 이곳은 죄를 깨닫게 될 때 생기는 찌꺼기들과 쓰레기들이 흘러드는 경사지입니다. 그래서 '절망의 수렁'이라고 부르지요.

절망의 수렁은 내가 살아오면서 지은 모든 죄에 기초합니다. 믿음 생활을 하다 보면 이 수렁에 빠질 때가 많습니다. 우리가 낙심하고 절망하는 이유는 대부분 자신의 한계, 곧 죄 때문입니다. 우리가 그동안 저지른 죄 때문에, 또 그 죄가 우리 안에 가득해서 절망하는 것입니다.

이 죄의 또 다른 영역은 우리가 지은 실제적 죄뿐 아니라 우리에게 학습

되고 주입된 죄 된 세계관을 포함합니다. 즉, 우리 내면이 죄인 것입니다. 바울이 고민하고 주님이 말씀하신 것처럼 말입니다.

내가 원하는 바 선은 행하지 아니하고 도리어 원하지 아니하는 바 악을 행하는도다 만일 내가 원하지 아니하는 그것을 하면 이를 행하는 자는 내가 아니요 내 속에 거하는 죄니라(롬 7:19-20).

마음에서 나오는 것은 악한 생각과 살인과 간음과 음란과 도둑질과 거짓 증언과 비방이니 이런 것들이 사람을 더럽게 하는 것이요 씻지 않은 손으로 먹는 것은 사람을 더럽게 하지 못하느니라(마 15:19-20).

정작 놀라운 사실은 도움의 말처럼 그것을 해결할 수 없다는 것입니다.

이곳이 절망의 수렁으로 남아 있는 것은 왕도 기뻐하시지 않습니다(사 35:3-4). 감독관들의 지시에 따라 왕의 일꾼들이 천육백 년도 넘게 이 땅을 위해 일해 왔지요. 혹시 이 땅이 고쳐질까 해서였어요. 내가 알기로 이 수렁에 적어도 이만 대가 넘는 트럭이 일 년 내내 왕이 다스리는 영토 각지로부터 수만 개의 좋은 교훈을 운반해 와 쏟아부었습니다. 그뿐 아니라 땅을 기름지게 하는 데 가장 훌륭한 기술을 갖고 있다고 자부하는 사람들이 이 일을 했습니다. 그러면 이 수렁이 바뀌었을 만도 한데 여전히 이곳은 절망의 수렁으로 남아 있습니다. 할 수 있는 방법을 다해 보아도 마찬가지일 것입니다.

죄의 문제는 영속성을 지니고 있습니다. 우리가 죽음 앞에 설 때까지 죄의 문제는 우리를 끊임없이 괴롭힐 것입니다. 이것은 사람의 연약함에 대한 문제이기도 합니다. 죄의 문제에 대해서는 자신감이 넘치거나 교만해서는 안 된다는 것을 잊지 말아야 합니다.

4. 죄는 가볍게 할 수 없다

_ 세상 현자를 만나 죄를 가볍게 하는 법을 논하다(롬 7:22-25)

절망의 수렁을 지나오면서 크리스천은 신앙이 쉽지 않다는 것을 경험했습니다. 결코 장밋빛이 아니었습니다. 신앙은 사실 쉽지 않습니다. 세상적인 삶에 익숙했던 사람에게 하나님 나라의 백성으로 사는 다른 삶의 방식을 요구하기 때문입니다.

신앙을 처음 갖게 된 초신자들이 여기에서 어려움을 겪습니다. 예수님을 믿기 시작한 순간 예전보다 더 힘들어진 것만 같습니다. 절망의 수렁과 같은 또 다른 늪에 빠진 느낌이 들기도 합니다. 예전에 느끼지 못했던 것들, 특히 죄책감에 강력하게 사로잡힐 수 있습니다. 그것이 크리스천의 고민이었습니다. 그가 절망의 수렁에서 빠져나와 **세상 현자**(Worldly Wiseman)와 나누었던 대화를 보면 그 고민을 알 수 있습니다.

세상 현자 : 어떻게 해서 처음에 그 짐을 지게 됐습니까?

크리스천 : 내가 들고 있는 이 성경책을 읽고 나서부터입니다.

크리스천은 성경을 읽으면서 죄책감에 사로잡혔습니다. 당연한 일입니다. 성경은 그동안 우리가 무시했던 죄의 영역들을 건드리기 때문입니다. 물론 은혜로 구원받았지만 반복된 죄가 죄책감으로 다가옵니다. 그뿐 아니라 그런 조명의 말씀이 새로운 윤리 혹은 굴레, 강요로 다가올 수 있습니다.

이러한 고민을 하는 크리스천에게 세상 현자라는 신사가 다가왔습니다. 그는 **쾌락을 쫓음**(Carnal Policy)이라는 마을에 살고 있었습니다. 'Carnal Policy'를 직역하면 '인간적인 정책'을 말합니다. 이 마을은 모든 것을 육체적(carnal)으로, 소위 인간적으로 이해되도록 설명하고 추진하는 곳이었습니다. 세상 현자는 자신의 인간적 지혜로 크리스천에게 충고하기 시작했습니다.

죄책감의 짐

세상 현자가 고민하는 크리스천에게 알려 준 해법은 매우 간단했습니다. 그 부담감과 죄책감의 짐을 벗어 버리라는 것이었습니다.

당신이 어서 빨리 짐을 벗어 버릴 수 있도록 가르쳐 드리겠소. 짐을 벗지 않고서는 결코 마음의 안정을 얻을 수 없을 뿐 아니라 하나님이 당신께 주신 축복의 은혜도 맛볼 수 없기 때문이오.

'죄책감의 짐을 벗어 버리다.' 이것이 무슨 말입니까? 죄를 가볍게 여기라는 말입니다. 죄를 깊이 생각하지 말라는 것입니다.

이어서 세상 현자는 짐을 가볍게 하는 방법을 제시합니다. **도덕**(Morality)이라는 마을로 가서 **합법**(Legality)이라는 사람을 만나라고 한 것입니다. 만일 찾아가서 그가 없으면 그의 아들 **예의**(Civility)를 만나 보라고 합니다.

저기 저쪽에 보이는 저 산 너머에 가면 도덕이라는 마을에 합법이라는 이름의 어른이 살고 계십니다. 그는 판단력이 뛰어나고 아주 지혜로운 분으로 명성이 자자하죠. 그분은 당신과 같은 사람들의 짐을 벗겨 줄 재주를 갖고 있답니다.

물론 핵심은 이미 세상 현자가 말한 것처럼 '짐을 벗어 버리는 것', 곧 죄를 가볍게 여기는 것을 말합니다. 그렇다면 합법이 어떻게 죄를 가볍게 여기게 하는 것입니까?

표면적인 죄만 취급하는 것을 통해서입니다. 즉, 눈에 보이는 죄만 죄로 여기는 것입니다. 물론 눈에 보이는 죄만 죄로 여긴다고 해도 그 죄를 짓지 않기가 역시 쉽지는 않습니다.

그런데 존 번연이 말하는 합법은 우리가 말하는 구약의 율법을 말하는 것이 아닙니다. 그가 표현한 것처럼 'Legality', 곧 '적법, 합당'한 것을 말합니다. 이럴 경우 죄는 절대적 기준으로 평가되는 것이 아니라 세상의 기준으로 평가됩니다. 세상의 법에 맞으면 적법하게 되는 것입니다. 그러니 상대적으로 쉬운 것입니다. 합법이 사는 곳을 도덕 마을이라고 하는 것도 다 그 이유에서입니다.

합법은 예의와도 유사합니다. 'Civility'라는 단어는 '예의'를 뜻하지만 '시민 의식'으로도 풀이됩니다. 규범과 정해진 틀, 법에 따라 행동하면 예의가 있는 것입니다.

이것은 확실히 쉬운 방법입니다. 우선 죄의 영역을 표면적인 것으로만 국한하기 때문입니다. 그 죄 역시 절대적 기준에 따라서 다루어지는 것이 아니라 서로 합의하여 정해 놓은 법, 곧 합의된 법에 따라서 다루어집니다. 그러므로 자유자재로 죄인지 아닌지를 정할 수 있습니다. 특히 사회 혹은 권력이 동의하면 죄가 더 이상 안 될 수도 있습니다. 간혹 누군가보다 더 우월할 때는 사면도 가능해집니다. 어느 날부터 지도자들이 죄에서 쉽게 벗어나고 자유하게 되는 이유입니다. 쉽게 용서하는 것입니다.

크리스천에게 세상 현자의 말은 너무나도 그럴듯하고 좋아 보였습니다. 크리스천은 세상 현자의 말대로 도덕 마을로 향했습니다. 그런데 이상한 일이 벌어졌습니다. 등에 진 짐이 이전보다 더 무거워진 것입니다.

크리스천은 가던 길을 바꾸어 더 쉽고 현명한 방법을 찾기 위해 합법 씨가 사는 마을로 향했다. 그런데 그 산 바로 밑에 이르러 보니 언덕은 매우 가파르게 높아 보였고, 길가 쪽에 있는 산기슭에는 여기저기 삐죽삐죽 튀어나온 바윗돌이 박혀 있어서 언제 그의 머리 위로 굴러떨어져 내릴지 알 수 없었다. 크리스천은 더 이상 발걸음을 옮길 수가 없었다. 그는 그곳에 우뚝 멈춰 서서 어찌할 바를 모르고 있었다. 등에 진 짐은 이전보다 훨씬 더 무겁게 그를 짓누르고 있었다.

짐이 왜 더 무거워진 것입니까? 그 이유는 죄가 해결되지 않아서입니다. 죄는 표면적인 것만이 아니라 내면적인 것이기도 합니다. 내면의 죄책감이 해결되지 않아서 등에 진 짐이 더 무거워진 것입니다.

> 옛사람에게 말한바 살인하지 말라 누구든지 살인하면 심판을 받게 되리라 하였다는 것을 너희가 들었으나 나는 너희에게 이르노니 형제에게 노하는 자마다 심판을 받게 되고 형제를 대하여 라가라 하는 자는 공회에 잡혀가게 되고 미련한 놈이라 하는 자는 지옥 불에 들어가게 되리라(마 5:21-22).

주님은 직접 살인한 것만 살인이 아니라 화를 내고 형제에게 험한 말을 하는 것도 살인이나 다름없다고 말씀하셨습니다. 왜 그러신 것입니까? 그것 또한 내면의 죄, 저주, 미움에서 흘러나오는 분노에 기초한 것이기 때문입니다. 주님은 표면적인 죄만이 아니라 내면적인 죄도 중요시하셨습니다. 이 말씀도 정말 놀랍습니다.

> 또 간음하지 말라 하였다는 것을 너희가 들었으나 나는 너희에게 이르노니 음욕을 품고 여자를 보는 자마다 마음에 이미 간음하였느니라(마 5:27-28).

죄에서 벗어날 수 없다

예수님이 사셨던 당시의 유대인들은 표면적인 것만을 중요시했습니다. 그것이 바로 율법적인 삶이었습니다. 그들은 율법에 대한 열심으로 십계명을 확장해 무려 613개의 율법을 만들었습니다.

사실 십계명을 613개 세칙으로 만든 것은 계명을 잘 지키려는 마음 때문이었습니다. 하지만 어느 순간부터인가 613개만 문자적으로 지키면 되는 것으로 변질되었습니다. 마음, 곧 내면과 상관없이 표면적인 행위로 자신을 의롭다고 여기게 된 것입니다. 그래서 주님이 우리 마음의 더러움을 지적하신 것입니다.

> 마음에서 나오는 것은 악한 생각과 살인과 간음과 음란과 도둑질과 거짓 증언과 비방이니 이런 것들이 사람을 더럽게 하는 것이요 씻지 않은 손으로 먹는 것은 사람을 더럽게 하지 못하느니라(마 15:19-20).

우리가 아무리 법을 가지고 죄를 죄가 아니라고 말하고 축소하고 가볍게 만들더라도, 우리는 본래적 죄의 영향을 받습니다. 그러므로 당연히 죄책감이 들게 됩니다.

바울은 로마서 7장에서 끊임없이 죄책감을 토로했습니다. 오히려 그즈음 바울은 도덕적으로 온전했을 텐데 말입니다. 바울의 고민은 끝이 없었습니다. 죄에 대한 그의 고민은 절망의 낭떠러지, 곧 죽음에 대한 생각에까지 이릅니다.

> 오호라 나는 곤고한 사람이로다 이 사망의 몸에서 누가 나를 건져내랴(롬 7:24).

이 문제를 해결한 것은 바울의 의로운 행동이나 새로운 결단이 아니었습니다. 오직 전적인 하나님의 은혜였습니다. 그 고백이 기막힙니다.

우리 주 예수 그리스도로 말미암아 하나님께 감사하리로다 그런즉 내 자신이 마음으로는 하나님의 법을 육신으로는 죄의 법을 섬기노라(롬 7:25).

하나님이 인정하신 것입니다. 바울 안의 싸움을 받아들이신 것입니다. 스스로 자신의 죄 때문에 괴로워하는 바울의 마음의 추구를 하나님이 기뻐하신 것입니다.

이것을 깨달은 바울이 비록 아직은 육체가 죄의 법의 지배를 받는 약한 상태이지만 마음은 절대로 빼앗기지 않겠다고 고백합니다. 바울은 하나님의 용납을 경험한 것입니다. 드디어 바울이 이렇게 선포합니다.

그러므로 이제 그리스도 예수 안에 있는 자에게는 결코 정죄함이 없나니 (롬 8:1).

이것이 은혜입니다. 우리는 이 은혜로 사는 것입니다. 동시에 이것이 신앙입니다. 이것을 아는 것이 곧 신앙의 깨달음입니다. 우리는 여기까지 이르러야 합니다.

5. 쉬우면서도 쉽지 않다
_ 전도자를 만나 도움을 얻고 좁은 문으로 들어가다(마 7:13-14)

좁은 문을 향해 가던 크리스천이 샛길로 빠져 도덕 마을로 가려고 했던 이유는 '쉬운 것'의 유혹 때문이었습니다. 크리스천은 전도자를 다시 만났을 때 이렇게 고백했습니다.

나보고 어서 짐을 벗어 버리라고 했습니다. 그래서 나는 그게 바로 내가 원하는 것이라고 말했습니다. 어떻게 하면 짐을 벗을 수 있는 곳에 이를 수 있는지 그 방법을 잘 알기 위해 저 멀리 보이는 좁은 문으로 가고 있는 중이라고 했지요. 그러자 그 사람은 당신이 알려 준 길보다 위험이 많이 따르지 않으면서도 더 편하고 쉽고 빠른 길을 알려 주겠다고 했습니다. 그 사람은 그 길로 가면 내가 지고 있는 짐들을 벗게 해줄 사람의 집에 도착하게 될 것이라고 했습니다.

"위험이 많이 따르지 않으면서도 더 편하고 쉽고 빠른 길을 알려 주겠다." 이 이야기는 쉬운 방법이 있다는 말입니다. 하지만 쉽지 않습니다. 주님도 분명하게 말씀하셨습니다.

좁은 문으로 들어가라 멸망으로 인도하는 문은 크고 그 길이 넓어 그리로 들어가는 자가 많고 생명으로 인도하는 문은 좁고 길이 협착하여 찾는 자가 적음이라(마 7:13-14).

좁은 문으로 들어가는 것이 왜 쉽지 않습니까? 예수님을 따르는 삶은 세상의 교훈과 이치, 곧 세상의 원리와 다르기 때문입니다. 그러면 세상의 원리, 세상이 추구하는 것은 무엇입니까? 고통 없이 행복한 것입니다. 그래서 복권이 인기 있는 것입니다. 약간의 종교성이 있는 경우에는 적당한 정도의 법을 정하고 그 법을 따라 행동하기도 합니다. 세상 현자가 제시한 것처럼 말입니다.

당연히 그 제시는 어떤 정해진 규격이 있습니다. 그래서 쉽습니다. 일정한 수준만 넘으면 편합니다. 헌금, 경력, 봉사 행위를 통해 직분이 주어지는 것으로 규격이 정해질 수도 있습니다. 이것은 가장 위험합니다.

쉽지 않다

좁은 문은 길이 협착하여 찾는 자가 적습니다. 쉽지 않다는 말입니다. 그러므로 교회의 수가 많아지면 신앙이 쉬워진 것은 아닌지 반드시 물어야 합니다. 혹은 교회가 세속화되고 세상이 말하는 번영 신학이 주된 교리가 되지 않았는지 되짚어 봐야 합니다.

그렇다면 신앙이 왜 쉽지 않습니까? 왜 좁은 길입니까? 가장 큰 이유는 지금까지 자기 연민에 빠진 채 살아왔기 때문입니다. 예를 들어, 하고 싶은 것 다 하고 먹고 싶은 것 다 먹는 방종과 탐식, 탐욕의 삶을 살아온 사람이 있습니다. 세상도 끝없이 그런 삶을 보여 줍니다. 적당한 규범 속에서 절제하는 시늉을 하면서 말입니다. 거기에도 종교가 있습니다. 그 종교는 적당한 헌금을 하면 복을 받는 이야기가 주를 이룹니다.

하지만 이러한 삶을 온전하다고 할 수는 없습니다. 몸이 비만하여 그런 자신을 감추기 위해 화려한 옷을 입고 화장을 합니다. 그것으로 자신을 과시합니다. 이 모습을 그의 진정한 모습이라고 할 수는 없는 것입니다. 그의 진정한 자아를 찾는 데 필요한 것은 바로 절제와 인내입니다. 즉, 좁은 길로 가야 합니다. 그런데 이것은 쉽지 않습니다. 오랜 시간 세상을 사랑하며 살아왔기 때문입니다. 그 세상이 너무 좋기 때문입니다.

세상에서는 일시적인 다이어트 방법이나 지방 흡입술 같은 성형 요법을 권하기도 합니다. 하지만 다시 원래로 돌아갑니다. 모든 방법이 임시방편에 불과합니다.

우리가 선택해야 하는 길은 좁은 길, 즉 쉽지 않은 길입니다. 탐욕을 줄여 적당한 양의 음식을 먹고, 적절한 운동을 하는 등 건강한 방식으로 습관을 바꿔야 합니다. 이것이 쉽습니까? 쉽지 않습니다. 하지만 다른 유혹에 빠지더라도 다시 그 길을 걸어가야 합니다. 그 방법밖에는 없기 때문입니다.

쉽지 않으나 쉽다

좁은 길로 가는 것은 쉽지 않습니다. 하지만 쉽습니다. 무엇보다 즐겁고 행복합니다. 그것을 바울은 만족스럽다는 말로 표현했습니다.

내가 궁핍하므로 말하는 것이 아니니라 어떠한 형편에든지 나는 자족하기를 배웠노니 나는 비천에 처할 줄도 알고 풍부에 처할 줄도 알아 모든 일 곧 배부름과 배고픔과 풍부와 궁핍에도 처할 줄 아는 일체의 비결을 배웠노라(빌 4:11-12).

예수 그리스도 안에 있는 것, 이것은 바른 신앙생활의 결과입니다. 참된 만족과 평화입니다. 주님은 이렇게 말씀하셨습니다.

평안을 너희에게 끼치노니 곧 나의 평안을 너희에게 주노라 내가 너희에게 주는 것은 세상이 주는 것과 같지 아니하니라 너희는 마음에 근심하지도 말고 두려워하지도 말라(요 14:27).

주님은 다른 관점에서 "쉼"이라는 표현을 사용하셨습니다.

수고하고 무거운 짐 진 자들아 다 내게로 오라 내가 너희를 쉬게 하리라 나는 마음이 온유하고 겸손하니 나의 멍에를 메고 내게 배우라 그리하면 너희 마음이 쉼을 얻으리니 이는 내 멍에는 쉽고 내 짐은 가벼움이라 하시니라(마 11:28-30).

분명히 주님을 따르는 것에도 멍에와 짐이 있습니다. 그러나 예수님은 "내 멍에는 쉽고 내 짐은 가볍다"고 하셨습니다. 다루기 쉽고 예상외로 견딜 만하다는 뜻입니다.

왜 쉽고 가볍습니까? 29-30절에 나온 우리가 져야 할 멍에는 모두 "나의 멍에", 곧 주님이 지고 계신 멍에이기 때문입니다. 짐도 역시 "내 짐", 곧 주님의 짐이라고 말씀하셨습니다. 주님이 우리의 짐을 같이 지고 계신 것입니다.

이 표현은 갈라디아서 2장 20절 "내가 그리스도와 함께 십자가에 못 박혔나니"라는 말씀과 같은 표현 방법입니다. 바울은 실제로 십자가에 못 박힌 적이 없는데 못 박혔다는 표현을 썼습니다. 주님이 바울의 십자가까지 다 지셨기 때문입니다.

우리는 우리가 질 수 있는 만큼의 십자가를 지면 됩니다. 그것마저도 우리가 쓰러질 즈음 주님이 바로 대신 지고 인도하실 것입니다. 그래서 쉬운 것입니다. 그래서 쉼이 있는 것입니다.

좁은 문을 통과할 때

이 같은 진리는 좁은 문을 통과할 때노 적용되었습니다. 크리스천은 전도자의 말을 들으면서 자신의 죄가 얼마치 큰지 경험합니다. 죄의 심각성을 깨달은 것입니다.

당신이 지은 죄는 정말 큽니다. 이번 일로 당신은 크게 두 가지 죄를 범했으니까요. 바른길을 버린 것과 금지된 길로 간 것이 그것입니다. 그러나 좁은 문의 문지기는 누구에게나 관대한 사람이니만큼 당신을 받아들여 줄 것입니다.

다시 좁은 문을 향해 길을 떠난 크리스천은 마침내 문에 이르렀습니다. 그가 문을 두드리자 문지기인 **선의**(Good-willed)가 "진심으로 환영합니다." 하고 외치며 맞이했습니다. 그런데 선의가 갑자기 문 안쪽에서 크리스천의 손목을 잽싸게 잡아당겼습니다. 문에서 약간 떨어진 곳에 성이 하나 있는데 그 성의 주인인 바알세불이라는 악마와 그의 부하들이 좁은 문으로 들어가려는 사람들이 보이면 무조건 죽이려고 활을 쏘고 있었기 때문입니다.

선의는 지금까지 걸어온 길 때문에 걱정하는 크리스천에게 매우 중요한 말을 합니다.

우리는 누구도 거절하지 않으며 이곳에 오기 전에 무엇을 했든지 상관하지 않습니다. 이리로 오는 자를 우리는 결코 내어 쫓지 않습니다(요 6:37).

그동안 무수한 죄를 지었는데 왜 아무 상관이 없는 것입니까? 그 이유는 간단합니다. 주님의 목적은 우리의 구원이지, 심판과 멸망이 아니기 때문입니다. 어떤 과정을 겪었든지 간에 다시 돌아오는 사람은 누구든지 거절하지 않으십니다. 그래서 복음입니다.

이처럼 복음은 언제나 현재적입니다. 지금 내가 진정성을 가지고 영접하고 고백했는가가 가장 중요한 것입니다. 과거는 문제 삼지 않습니다.

너희는 이전 일을 기억하지 말며 옛날 일을 생각하지 말라 보라 내가 새

문지기가 좁은 문을 열어 크리스천을 와락 잡아당겼다

일을 행하리니 이제 나타낼 것이라……나 곧 나는 나를 위하여 네 허물을 도말하는 자니 네 죄를 기억하지 아니하리라(사 43:18-19, 25).

이는 마치 아들이 시험 점수를 시원치 않게 받아 왔어도 다시 정신 차리고 공부하는 모습을 보며 과거의 점수를 문제 삼지 않는 어머니의 모습과 같습니다. 어머니가 설령 화를 내더라도 그것은 현재를 위해서입니다. 그런데 아들이 지금 다시 공부한다면 더 이상 화낼 이유가 사라진 것입니다. 어머니의 목적은 아들을 혼내는 것이 아니라 공부하게 하는 것이기 때문입니다.

우여곡절을 겪었지만 좁은 문에 도달한 크리스천을 무조건 환영한 것도 이 같은 이유에서입니다. 복음은 언제나 이렇습니다.

6. 복음으로 새롭게 하라

_ 해석자의 도움으로 거실로 들어가다(갈 3:13)

좁은 문에 도착해서 만난 선의는 크리스천에게 매우 중요한 이야기를 합니다. 그것은 앞서간 신앙 선배들의 경험과 지식에 관한 이야기, 곧 '바른길'을 선택하는 방법이었습니다. 선의는 어떻게 샛길로 빠지지 않고 바른길로 갈 수 있는지, 그 지혜를 알려 주었습니다.

이 길로 가다 보면 길들이 많이 나타나지요. 잘못된 길들은 모두 대단히 넓으나 바른길은 오직 한 길, 곧고 좁은 길입니다. 그러니 가야 할 길과 가지 말아야 할 길을 분명히 분별할 수 있을 것입니다(마 7:14).

선의의 말을 들으면서 크리스천은 등의 짐이 더 무거워진 것을 느꼈습니다. 크리스천은 선의에게 그 짐을 벗어 버릴 수 있도록 도와달라고 부탁

했습니다. 그런데 선의의 대답은 의외였습니다.

> 당신은 구속의 장소에 도착할 때까지 그 짐을 지고 계셔야 한다고 생각하시오. 그곳에 가면 짐이 당신 등에서 저절로 떨어져 나갈 테니까요.

우리는 우리의 노력, 곧 짐을 벗는 노력을 통해 죄의 문제가 해결된다고 생각합니다. 그래서 신앙이 곧잘 행위나 노력으로 표현되는 것입니다. 그런데 그렇지 않습니다. 죄의 짐은 선의의 말처럼 "저절로 떨어져 나간다"고 표현하는 것이 옳습니다. 죄가 해결되는 것은 나의 의지와는 관계없습니다. 십자가에서 일방적으로 죄를 해결하신 예수 그리스도를 온전히 믿는 것과 관계있습니다.

그런데 주님을 믿지만 죄의 문제가 다 해결되지 않아서 온전히 믿기가 쉽지 않습니다. 우리는 여전히 죄를 지으며 살아갑니다. 어쩌면 마지막 영광의 자리에 이를 때까지 우리는 이 죄의 문제로 고민할지 모릅니다. 분명 그리스도의 구속을 경험하는 순간 짐이 떨어져 나가지만 이후에도 그 짐을 지고 있다면, 그것은 자책감으로 지는 짐일 것입니다. 성숙하지 못해서 그런 것입니다.

해석자를 만나다

선의는 이런저런 궁금증을 가진 크리스천에게 **해석자**(Interpreter)를 소개합니다. 해석자는 크리스천에게 그 궁금증에 대해 설명해 주기 시작했습니다. 해석자의 집에서 들른 일곱 개의 방은 앞으로 만날 일을 미리 준비시키는 것이라고 할 수 있습니다. 해석자의 집을 떠날 때 크리스천과 해석자가 나눈 대화를 보면 알 수 있습니다.

해석자 : 당신은 지금까지 본 것들을 신중히 생각해 보셨습니까?
크리스천 : 예, 제 마음에 두려움과 기쁨을 동시에 갖게 되었습니다.
해석자 : 그래요, 좋은 교훈이 될 수 있도록 지금껏 보았던 일들을 명심하십시오. 앞으로 당신이 가는 길에 이것이 힘이 되길 바랍니다.

해석자가 크리스천을 데리고 한 방에 들어갑니다. 그 방 안에는 초상화가 걸려 있었는데, 해석자는 그 그림 속 인물을 소개합니다. 이런 역할로 볼 때 해석자는 성령님을 상징하는 것으로 보입니다.

제가 이 그림을 맨 처음 보여 드리는 것은 바로 이분을 순례길에서 절대 잊지 말라는 뜻에서입니다. 앞으로 당신의 가는 길에는 어떻게 하면 당신을 유혹해서 사망의 길로 끌고 갈까 하는 세력들이 많습니다. 그럴 때마다 이분을 생각하세요. 오직 이분만이 당신의 구원자 되시기 때문입니다.

율법과 복음

해석자는 크리스천을 데리고 커다란 거실로 들어갔는데, 그 방은 한 번도 청소한 적이 없어 먼지투성이였습니다. 먼지가 수북한 거실은 주님을 알기 전의 모습을 의미합니다.

해석자는 일꾼을 불러서 그곳을 청소하라고 지시했습니다. 그 사람이 비질을 하자 먼지가 뿌옇게 올라와 숨이 막힐 지경이었습니다. 그러자 해석자가 곁에 서 있던 소녀에게 물을 갖다 두루 뿌리라고 했습니다. 소녀가 물을 뿌리자 먼지가 가라앉았습니다. 해석자는 방을 쓸었던 자는 율법을, 물을 뿌린 소녀는 복음을 의미한다고 설명했습니다.

이 방은 썩지 않는 은혜의 말씀으로 한 번도 씻음 받은 적이 없는 인간의 심히 부패하고 악독한 마음을 의미합니다. 먼지는 사람의 원죄와 마음속에서 그의 전신을 더럽히는 썩은 것들이지요. 그리고 이 방을 쓸었던 자는 율법을 의미합니다. 율법이 비질을 하자 먼지가 방 안을 뒤덮고 거의 숨이 막힐 지경이 되었지요. 이것처럼 율법은 죄로 더러워진 마음을 깨끗케 하기는커녕 아무리 주의하고 금지시켜도 인간의 부패한 마음에 자리 잡은 죄의 뿌리를 뽑지 못하고 오히려 죄를 되살아나게 하고(롬 7:9) 죄를 부추기는 힘이 되며(고전 15:56) 영혼의 죄까지 들추어내서 증가시킵니다(롬 5:20). 율법은 죄를 깨닫게 하고 죄를 짓지 못하게 해주지만 죄를 지배할 수는 없기 때문이지요. 그리고 물을 뿌린 소녀는 복음을 의미합니다. 소녀가 물을 뿌려 먼지를 가라앉힌 후에야 방이 깨끗이 되었던 것처럼 복음은 사람의 마음을 감화시키고 죄를 물리치며 그 마음을 거룩하게 하는 능력이 있어 사람들로 하여금 죄를 다스리고 정복할 수 있게 해줍니다. 그 복음을 믿고 받아들이게 되면 영혼도 깨끗해져서 결국 영광의 왕과 함께 영광에 참여하게 되는 것입니다. 복음은 사람의 영혼을 깨끗케 합니다(요 15:3; 엡 5:26; 행 15:9; 롬 16:25-26; 요 15:13).

우선 율법에 대한 해석에 대해 살펴보겠습니다. 참 기막힌 해석입니다.

율법에 대한 이 놀라운 해석을 설명하기 전에 한 번도 청소한 적이 없는 방에 대해 이해할 필요가 있습니다. 로마서는 이것을 한마디로 "의인은 없다"라고 표현합니다.

> 의인은 없나니 하나도 없으며(롬 3:10).

설령 하나님을 알고 있을지라도 소용없습니다.

> 하나님을 알되 하나님을 영화롭게도 아니하며 감사하지도 아니하고 오히려 그 생각이 허망하여지며 미련한 마음이 어두워졌나니 스스로 지혜 있다 하나 어리석게 되어 썩어지지 아니하는 하나님의 영광을 썩어질 사람과 새와 짐승과 기어 다니는 동물 모양의 우상으로 바꾸었느니라(롬 1:21-23).

우리가 예수님을 믿고 구원받았을지라도 아직 남아 있는 죄의 먼지들 때문에, 완벽한 자기 부인과 포기가 이루어지지 않은 상태로 하나님을 믿기 때문에, 또 완전한 그리스도와의 연합이 이루어지지 않았기 때문에 의인은 없습니다. 그래서 칼 바르트는 "하나님의 진노로부터 인간을 구해 낼 수 있는 그 어떤 인간 의라고 하는 것은 존재하지 않는다!"라고 선언했습니다.

율법의 기능

며칠 여행을 갔다가 집에 돌아와서 집 방바닥을 비질하면 아무리 깨끗해 보여도 먼지가 쌓인 것이 드러납니다. 분명 문을 잠그고 갔는데 어디서 들어왔는지 모르게 먼지가 생긴 것과 같이 우리 죄는 훨씬 존재론적입니다. 그래서 비질하듯이 율법을 들이대면 죄가 드러납니다. 우리가 율법 앞에 서면 부끄러워지는 이유입니다.

> 그러므로 율법의 행위로 그의 앞에 의롭다 하심을 얻을 육체가 없나니 율법으로는 죄를 깨달음이니라(롬 3:20).

바울이 말하는 율법의 기능은 죄를 깨닫게 하는 것입니다. 무엇이 죄인지를 분명히 밝혀 준다는 말입니다. 존 스토트는 그의 로마서 주석에서 이렇게 말했습니다.

> 율법이 제기하는 것은 죄에 대한 지식이지 죄에 대한 용서가 아니다.

루터는 갈라디아서 주석에서 율법에 대해 이렇게 설명했습니다.

> 율법은 인간에게 자신들의 죄를 보여 준다. 그로 인하여 그들이 겸손해지고 죄에 대하여 두려워하며 마음이 상하고 깨어지도록 하기 위해서 존재한다. 거기에서 사람들이 은혜를 구하고 그 복된 씨(예수 그리스도)로 나오게 되기 때문이다.

바울은 율법을 "우리를 그리스도께로 인도하는 초등교사"라고 표현합니다. 쉽게 말해서 개인 교사라는 말입니다.

이같이 율법이 우리를 그리스도께로 인도하는 초등교사가 되어 우리로 하여금 믿음으로 말미암아 의롭다 함을 얻게 하려 함이라(갈 3:24).

율법은 죄를 인식하게 하는 기능을 하지만 구원에 이르게 하지는 않습니다. 해석자는 그것을 정확하게 설명했습니다.

율법은 죄를 깨닫게 하고 죄를 짓지 못하게 해주지만 죄를 지배할 수는 없기 때문이지요.

놀라운 복음

해석자는 율법에 이어서 복음에 대해 말했는데, 복음을 "물을 뿌린 소녀"로 설명했습니다. 실제적인 죄의 해결은 그 복음에서 비롯되었습니다. 그렇다면 복음은 무엇입니까? 바울은 이렇게 대답했습니다.

이 복음은 하나님이 선지자들을 통하여 그의 아들에 관하여 성경에 미리 약속하신 것이라 그의 아들에 관하여 말하면 육신으로는 다윗의 혈통에서 나셨고 성결의 영으로는 죽은 자들 가운데서 부활하사 능력으로 하나님의 아들로 선포되셨으니 곧 우리 주 예수 그리스도시니라(롬 1:2–4).

한마디로 말하자면 '예수 그리스도, 우리를 위하여 죽으시고 부활하신 분'이라는 사실이 바로 복음입니다. 이 놀라운 소식은 바울을 무너지게 했습니다. 그동안의 삶을 송두리째 바꿔 버렸습니다. 복음의 핵심, 곧 그리스도의 죽으심의 이유가 그를 그렇게 만들었습니다.

바울은 십자가에서의 그리스도의 죽으심이 바울 자신에게 집중하고 있다는 것을 알았습니다. 그는 3년 동안 아라비아 사막에서 묵상하던 중 "나무에 달린 자" 예수 그리스도의 십자가의 비밀에 대해 깨달았습니다. 그것은 예수님이 바울 자신을 포함하여 모두를 위해 저주를 받으셨다는 사실이었습니다.

> 그리스도께서 우리를 위하여 저주를 받은 바 되사 율법의 저주에서 우리를 속량하셨으니 기록된바 나무에 달린 자마다 저주 아래에 있는 자라 하였음이라(갈 3:13).

그런데 더 대단한 것은 이 놀라운 사건이 어느 날 우연히 이루어진 일이 아니라는 사실이었습니다.

> 이 복음은 하나님이 선지자들을 통하여 그의 아들에 관하여 성경에 미리 약속하신 것이라(롬 1:2).

"하나님이 미리 약속하셨다." 이것은 바울에게 충격이었을 것입니다. 스데반을 돌로 쳐서 죽인 사건을 비롯하여 모든 적그리스도적인 행동 앞에서도 하나님은 인내하고 계셨다는 것이 드러났기 때문입니다. 아니, 기다리고 계셨던 것입니다.

이 놀라운 복음을 이해한 순간 바울의 삶의 중심은 그리스도께로 이동됩니다. 바울이 이렇게 외칩니다.

우리 주 예수 그리스도의 십자가 외에 결코 자랑할 것이 없으니(갈 6:14).

내가 너희 중에서 예수 그리스도와 그가 십자가에 못 박히신 것 외에는 아무것도 알지 아니하기로 작정하였음이라(고전 2:2).

바울에게 전면적인 삶의 전환이 찾아왔습니다. 또한 이 놀라운 사실, 곧 복음을 안 순간 그동안 자신이 추구하던 모든 것이 배설물처럼 가볍다고 느껴졌습니다. 더 이상 그러한 것들을 추구하는 삶을 살 수가 없었습니다.

무엇이든지 내게 유익하던 것을 내가 그리스도를 위하여 다 해로 여길뿐 더러 또한 모든 것을 해로 여김은 내 주 그리스도 예수를 아는 지식이 가장 고상하기 때문이라 내가 그를 위하여 모든 것을 잃어버리고 배설물로 여김은 그리스도를 얻고 그 안에서 발견되려 함이니(빌 3:7-9).

이제 바울이 할 수 있는 일은 그 복음을 전하는 것이었습니다. 복음을 위해 살기로 한 것입니다. 하지만 바울은 그 복음 중심의 삶이 자기 공로로 내세울 수 있는 것이 아니며, 그 일을 할 수 있음을 영광으로 생각해야 한다고 이해했습니다. 그리고 그는 드디어 극단적인 표현으로 자신의 마음을 드러냈습니다.

내가 복음을 전할지라도 자랑할 것이 없음은 내가 부득불 할 일임이라 만일 복음을 전하지 아니하면 내게 화가 있을 것이로다(고전 9:16).

또 한 가지 잊지 말아야 할 것은 복음 자체가 복이라는 것입니다. 그것을 위해서 사는 것이 가장 아름다운 일입니다. 그래서 바울은 자신이 "하나님의 복음을 위하여 택정함을 입었다"(롬 1:1)는 사실을 기뻐했습니다.

나는 복음을 위하여 이 모든 일을 하고 있습니다. 그것은 내가 복음의 복에 동참하기 위함입니다(고전 9:23, 새번역).

7. 남겨 두는 것, 그리움의 신앙
_세 번째 방에서 정욕과 인내를 만나다(갈 2:20)

해석자가 크리스천을 이끌고 어떤 작은 방으로 들어갔습니다. 거기에는 두 아이가 각기 자기 의자에 앉아 있었습니다. 나이가 많은 아이의 이름은 **정욕**(Passion)이었고, 다른 아이의 이름은 **인내**(Patience)였습니다. 그런데 정욕은 무언가 못마땅한 기색이 역력했습니다. 그가 왜 그런 것인지 크리스천이 묻자 해석자가 이렇게 대답했습니다.

저 아이들의 아버지가 아이들 각자에게 내년까지 기다리면 가장 좋은 것들을 주겠다고 했는데도 저 아이는 지금 모든 것을 다 가지겠다고 하는 거죠. 그렇지만 인내는 즐거운 마음으로 기다리고 있지요.

그때 한 사람이 보물이 잔뜩 담긴 자루를 가져다가 정욕 앞에 쏟아 놓았습니다. 그 아이는 보물을 쥐어 들고 기뻐했으나 그것은 잠시였습니다. 정욕은 갖고 있던 것을 금방 다 써버려 남은 것이라고는 다 떨어진 옷가지들뿐이었습니다.

정욕의 문제

율법과 복음의 문제에 이어 모든 크리스천이 만나는 중요한 문제는 정욕임을 지적하고자 한 것입니다. 해석자는 정욕을 "이 세상에 속한 육의 사람"이라고 해석합니다. 정확하게 말하면 이 세상만을 위해, 그리고 당장 눈에 보이는 것의 성취를 위해 사는 삶을 말합니다.

욕망은 매우 원초적이고 본질적입니다. 욕망은 우리의 피조 된 상황, 곧 결핍에서 나오기 때문입니다. 그래서 우리는 그 욕망을 추구합니다. 해석자는 욕망의 문제점을 말할 때 부자와 거지 나사로 이야기를 예로 드는데, 이 성경 구절을 인용합니다.

> 애 너는 살았을 때에 좋은 것을 받았고 나사로는 고난을 받았으니 이것을 기억하라 이제 그는 여기서 위로를 받고 너는 괴로움을 받느니라(눅 16:25).

이 말씀을 새번역 성경으로 살펴보겠습니다.

> 애야, 되돌아보아라. 네가 살아 있을 동안에 너는 온갖 호사를 다 누렸지만, 나사로는 온갖 괴로움을 다 겪었다. 그래서 그는 지금 여기서 위로를

받고, 너는 고통을 받는다(눅 16:25, 새번역).

"네가 살아 있을 동안에 너는 온갖 호사를 다 누렸다." 이것이 부자의 죄였습니다. 더욱이 하나님이 준비하신 것은 끔찍하게도 불붙은 유황 지옥이었습니다. 참 직설적인 표현입니다.

여기서 좀 따져 보겠습니다. 이 부자의 삶이 정말 이토록 잘못된 것입니까? 사실 욕망을 갖는 것은 그렇게 큰 잘못은 아닙니다. 먹고 싶은 것, 갖고 싶은 것, 심지어 성욕조차도 크게 잘못된 것은 아닙니다. 우리는 그런 것을 욕망하는 존재이기 때문입니다.

그런데 "애야, 되돌아보아라. 네가 살아 있을 동안에 너는 온갖 호사를 다 누렸지만"이라는 말씀을 살펴봐야 합니다. 이 말씀에서 중요한 부분은 "다 누렸지만"입니다. 여기에서 쓰인 헬라어 단어는 "아폴람바노"인데, '전부 받다'라는 의미가 있습니다. 그러니까 부자는 사는 동안 자신이 하고 싶은 것을 다 취하고 다 누리고 다 즐겼다는 것입니다. 그것이 문제라는 말입니다.

그렇다면 이렇게 다 누리고 다 즐기는 것이 잘못입니까? 성경은 잘못이라고 말합니다. 왜 그렇습니까? '다', '전부', '100%' 이 세상 관심으로 살았기 때문입니다. 우리에게는 이 세상 말고 장차 나타날 세상도 있습니다. 우리는 이 세상에 대한 관심뿐 아니라 장차 나타날 세상에 대한 관심, 곧 아직 오지 않은 세상에 대한 그리움으로도 살아야 합니다. 우리는 하나님의 형상을 닮은 존재이며 하나님의 자녀이기에 이 세상만 추구하는 것은 옳지 않습니다. 그런데 우리는 '순전히', '다', '100%' 이 세상에만 관심을 두고 산 것입니다. 해석자는 그것을 이렇게 표현합니다.

정욕은 올해에 모든 것을 다 가지려고 합니다. 다시 말해 이 세상에 속한 사람들은 지금 당장 세상의 모든 것을 얻고 즐기고 싶어 하며 현세의 것에만 만족하고 종말을 바라보지 않습니다. 그러니까 내세에서 저렇게 누더기 차림이 되는 것이지요.

그래서 인내가 필요합니다. 그렇다면 인내란 무엇입니까? 정욕을 '지금 당장 세상의 모든 것을 얻고 즐기고 싶어 하며 현세의 것에만 만족하여 남겨 두지 않는 것'이라고 한다면, 인내는 '남겨 두는 것'이라고 할 수 있습니다. 인내는 믿음과 깊은 관련이 있습니다. 히브리서 기자가 이렇게 말했습니다.

> 믿음은 바라는 것들의 실상이요 보이지 않는 것들의 증거니 선진들이 이로써 증거를 얻었느니라(히 11:1-2).

"바라는 것", "보이지 않는 것"을 지금 우리가 말한 표현으로 하면 '남겨 두는 삶'을 사는 것입니다. 이 세상이 전부가 아니기 때문입니다. 그것이 욕망을 끊는 인내입니다. 그것이 바로 믿음입니다. 그래서 믿음은 인내와 함께 가는 것입니다. 다른 말로 하면 기다림, 설렘, 사모함을 말합니다.

그리움의 신앙

히브리서 11장은 믿음의 사람들이 살았던 그런 모습을 말하고 있습니다. 그리고 결론으로 12장 첫 구절에서 이렇게 말합니다.

이러므로 우리에게 구름같이 둘러싼 허다한 증인들이 있으니 모든 무거운 것과 얽매이기 쉬운 죄를 벗어 버리고 인내로써 우리 앞에 당한 경주를 하며 믿음의 주요 또 온전하게 하시는 이인 예수를 바라보자 그는 그 앞에 있는 기쁨을 위하여 십자가를 참으사 부끄러움을 개의치 아니하시더니 하나님 보좌 우편에 앉으셨느니라(히 12:1-2).

"인내로써", 이것이 믿음입니다. 그런데 우리는 '다' 욕망합니다. '100%' 욕망합니다. 그것을 위해 삽니다. 교회의 문제가 여기에 있습니다. 이 세상에서의 성공을 강조하고, 이 세상에서의 영광을 중요하게 가르치는 교회는 잘못된 것입니다. 그래서 '다' 내려놓는 것이 바로 기독교의 핵심이라고 주님이 말씀하신 것입니다. 그런 까닭에 제자들은 예수님의 부르심을 받았을 때 모든 것을 버리고 그분을 따라갔습니다.

곧 부르시니 그 아버지 세베대를 품꾼들과 함께 배에 버려두고 예수를 따라가니라(막 1:20).

예수님은 가이사랴 빌립보에서 제자들에게 이렇게 말씀하셨습니다.

아무든지 나를 따라오려거든 자기를 부인하고 날마다 제 십자가를 지고 나를 따를 것이니라(눅 9:23).

"자기를 부인하고 날마다 제 십자가를 지고 따르는 것." 이것이 믿음 있는 행동입니다. 우리는 지금부터 이것을 연습해야 합니다. 나이가 들수록 잘 안 되기 때문입니다. 바울은 이런 고백을 했습니다.

내가 그리스도와 함께 십자가에 못 박혔나니 그런즉 이제는 내가 사는 것이 아니요 오직 내 안에 그리스도께서 사시는 것이라 이제 내가 육체 가운데 사는 것은 나를 사랑하사 나를 위하여 자기 자신을 버리신 하나님의 아들을 믿는 믿음 안에서 사는 것이라(갈 2:20).

"그리스도와 함께 십자가에 못 박혔다"는 것은 내가 추구하던 나의 모든 것을 다 버렸다는 뜻입니다. 엄밀하게 따지면 언젠가 우리가 죽는 순간 사라질 모든 것을 말합니다. 그 순간 아무것도 없다는 것을 느꼈을 것입니다. 허망함, 허전함, 텅 빈 것 같은 느낌……. 그 순간 나오는 고백이 "내가 사는 것이 아니다"라는 고백일 것입니다.

사실 우리는 그날에 그 '텅 빔'을 경험하게 될 것입니다. 어느 날 갑자기 손과 발에 힘이 다 떨어지는 현상, 어떤 에너지도 생기지 않는 무기력함이 우리에게 올 것입니다. 그때 사람들은 무엇을 채우려 합니다. 하지만 시간이 갈수록 그 '텅 빔' 현상은 더 심해지고 그때마다 더욱더 집요하게 무엇을 채우려 하게 됩니다. 권력을 채우려 하고, 성욕을 채우려 합니다. 사랑하면서도 성욕을 추구하기 때문에 모든 것이 무너져 내리는 것입니다. 사랑할 수 있으나 그것이 불가능한 이유는 정욕 때문입니다. 그래서 성적으로 흐르는 것입니다.

시간이 갈수록 우리는 끝없는 욕망에 사로잡힐 것입니다. '다', '100%'를 추구할 것입니다. 그런데 바울은 십자가에 못 박혔을 때, 갈라디아서의 표현으로 하면 "그 정욕과 탐심을 십자가에 못 박았을"(갈 5:24) 때 아무것도 없음을 경험했습니다. 그것을 직면했습니다. 이제 우리도 그 '텅 빔' 현상을 만날 것입니다. 그래서 우리는 우리를 예수 그리스도로 채워야 합니다. 그분을 늘 모시는 연습을 해야 합니다. 어느 날 엄청난 폭풍 속에 휘말릴 수 있기 때문입니다.

그런데 가득 채워진 나 자신이 문제입니다. 그래서 자기를 부인하는 연습을 해야 합니다. 이것이 곧 남겨 두는 것입니다. 끝까지 가지 않고 남겨 두는 것 말입니다. 이것이 신앙의 성숙이며, 그 결과 그리움의 신앙을 갖고 살게 되는 것입니다.

> 이 사람들은 다 믿음을 따라 죽었으며 약속을 받지 못하였으되 그것들을 멀리서 보고 환영하며 또 땅에서는 외국인과 나그네임을 증언하였으니(히 11:13).

"이 사람들", 즉 아브라함과 아브라함의 자손들은 기다렸습니다. 다 소유하지 않았습니다. 이 세상을 전부로 여기지 않은 것입니다. 그것이 우리가 추구해야 할 신앙입니다. 그리움의 신앙, 소유하지 않고 기다리는 신앙 말입니다.

8. 은혜의 불길은 꺼지지 않는다
_ 네 번째 방에서 불이 꺼지지 않는 이유를 보다(계 19:11-16)

해석자는 정욕과 인내가 있던 작은 방을 지나 또 다른 방으로 크리스천을 안내했습니다. 그 방의 한쪽 벽에는 불길이 활활 타오르고 있었습니다. 거기에는 누군가가 그 불길을 잡으려고 끊임없이 물을 쏟아붓고 있었습니다. 그렇지만 불길은 조금도 수그러들지 않고 오히려 더욱 거세고 뜨겁게 타올랐습니다. 해석자는 이것이 무엇을 뜻하는지 이렇게 설명했습니다.

저기 타고 있는 저 불길은 사람 마음에 작용하는 성령의 은총을 뜻합니다. 저 불을 끄려고 물을 쏟아붓는 자는 마귀인데 그가 계속해서 불을 끄려고 물을 부으면 부을수록 불길은 더욱더 세차게 타오르지요.

참 재미있는 표현입니다. 믿는 우리에게 벌어지는 매우 중요한 현상, 곧

'마음에 붙은 불'에 대해 표현한 것입니다.

하나님이 불로 임하시다

하나님을 다른 이름으로 말하라고 하면 '불'이라고도 할 수 있습니다. 구약의 제사장들이 하는 주된 역할 중의 하나는 제단의 불이 꺼지지 않게 하는 것이었습니다. 물론 번제를 용이하게 드리기 위한 것도 있지만 불은 하나님의 임재를 상징하기 때문입니다.

> 불은 끊임이 없이 제단 위에 피워 꺼지지 않게 할지니라(레 6:13).

하나님은 호렙산에서 모세에게 출애굽을 명령하실 때 불붙은 떨기나무 가운데서 그를 부르셨습니다. 불로 임재하셨던 것입니다.

아모스는 뽕나무를 재배하던 평범한 사람이었습니다. 그런데 갑자기 그의 마음에 엄청난 불이 붙었습니다. 그는 북이스라엘 왕국에 들어가서 여로보암 왕과 제사장 아마샤의 죽음과 몰락을 예언했습니다. 상상할 수 없는 일을 말한 것입니다. 만약 그들이 그 말을 받아들이지 않는다면 아모스는 죽은 목숨과 다름없었습니다. 너군다나 아모스는 그런 말을 선포할 위치도 아니었습니다. 아마샤는 아모스를 꾸짖으며 떠나라고(암 7:12) 말합니다. 그때 아모스가 한 대답이 놀랍습니다.

> 아모스가 아마샤에게 대답하여 이르되 나는 선지자가 아니며 선지자의
> 아들도 아니라 나는 목자요 뽕나무를 재배하는 자로서 양 떼를 따를 때에

여호와께서 나를 데려다가 여호와께서 내게 이르시기를 가서 내 백성 이스라엘에게 예언하라 하셨나니(암 7:14-15).

하나님이 일방적으로 아모스를 "데려다가" 역사하신 것입니다. 눈에 보이게 하나님이 그를 붙잡으신 것이 아니라 마음에 불을 붙이신 것입니다. 그를 참을 수 없게 하시고 움직이게 하신 것입니다. 이처럼 하나님은 우리 가운데 불로 임하십니다.

우리가 잘 아는 수학자 파스칼, 그가 엄청난 열망으로 살게 된 계기는 31세 때인 1654년 11월 23일 '불의 밤'(Night of Fire)이라 불리는 신비 체험을 통해서입니다. 파스칼은 그날 불로 존재하는 하나님을 만나 거듭남을 경험했습니다. 그 사건은 그의 인생 전체를 지배하는 힘이 되었습니다.

영국의 정치가 윌리엄 윌버포스가 노예무역이 중심이었던 영국 사회에서 평생 노예무역 폐지를 위해 일할 수 있었던 것도 바로 이 불 때문입니다. 나치의 위협과 죽음의 공포 앞에서도 본회퍼 목사가 복음을 잃지 않고 순교할 수 있었던 것도 바로 이 불 때문입니다. 휘튼대학교를 수석으로 졸업한 짐 엘리엇은 이 불이 붙자 에콰도르의 마지막 남은 식인종, 아우카족의 선교를 위해 기꺼이 에콰도르로 갔고 그곳에서 순교했습니다. 이것이 불의 힘입니다.

마음에 붙은 불

하나님이 임재하실 때 벌어지는 현상은 이토록 놀랍습니다. 사실 예수님을 믿기 전에 저는 매우 염세적이고 가벼웠으며 열정적이지 못했습니다. 그런데 예수님을 믿으면서 달라졌습니다. 놀랍게도 제 안에 생긴 것은 '불'이었습니다. 하나님이 저를 뜨겁게 하셨습니다. 열정이 생긴 것입니다.

이것은 욕망과 비슷해 보이지만 욕망이 무엇을 이루고 싶어 하는 마음에 기인하는 것과 달리 불길로서의 열망은 어떤 동기가 주어지지 않은 상태에서 흘러나오는 에너지입니다. 존 번연은 그 불로 임재하시는 하나님을 '마음에 붙은 불'로 표현한 것입니다.

우리가 크리스천이 되었다는 것은 거실에서 경험한 것처럼 언제나 복음으로 사는 것을 말합니다. 하지만 이것은 쉽지 않습니다. 그래서 인내가 필요합니다. 기다리며 가는 것입니다.

그런데 인내하고 기다리며 나그네로 살 수 있는 것은 하나님이 우리 안에 불어넣어 주신 불 때문입니다. 끝까지 나아갈 수 있도록 하나님이 힘을 주시는 것입니다. 물론 마귀가 방해할 것입니다. 그런데 위에서 살펴본 바와 같이 많은 사람이 끝까지 길을 걸어가 사명을 완수했습니다.

마귀가 방해하는 데도 불길이 더욱더 뜨겁게 타오르는 이유를 설명하기 위해 해석자는 크리스천을 벽 뒤쪽으로 데리고 갔습니다. 거기에서 크리스천은 한 사람이 역시 손에 기름 항아리를 들고 계속해서 몰래 기름을 불에 퍼붓고 있는 것을 보았습니다. 이것은 무엇을 뜻하는지 크리스천이 묻자 해석자가 이렇게 대답합니다.

이분은 바로 그리스도이십니다. 그분은 인간 마음속의 은총을 보존하기 위해서 끊임없이 은혜의 기름을 계속 부어 주시고 계시는 것입니다. 그렇기 때문에 악한 마귀가 제아무리 불을 끄려고 해도 끄지 못하는 것이며 주를 믿는 백성의 영혼은 마귀의 방해에도 불구하고 계속해서 은혜를 누릴 수 있습니다(고후 12:9).

요한계시록은 마지막 날의 현상, 즉 눈에 보이지 않는 영적 세상에서의 전쟁을 다음과 같이 표현했습니다. 그때 예수님이 싸우시는 모습입니다.

내가 하늘이 열린 것을 보니 보라 백마와 그것을 탄 자가 있으니 그 이름은 충신과 진실이라 그가 공의로 심판하며 싸우더라……또 그가 피 뿌린 옷을 입었는데 그 이름은 하나님의 말씀이라 칭하더라 하늘에 있는 군대들이 희고 깨끗한 세마포 옷을 입고 백마를 타고 그를 따르더라 그의 입에서 예리한 검이 나오니 그것으로 만국을 치겠고 친히 그들을 철장으로 다스리며 또 친히 하나님 곧 전능하신 이의 맹렬한 진노의 포도주 틀을 밟겠고 그 옷과 그 다리에 이름을 쓴 것이 있으니 만왕의 왕이요 만주의 주라 하였더라(계 19:11, 13-16).

그런데 문제는 우리가 이 사실을 잘 모른다는 것입니다. 우리를 위해 싸우시는 삼위일체 하나님의 모습 말입니다. 그러나 조금만 살펴보더라도 성경은 온통 이 말씀으로 적혀 있다는 것을 알 수 있습니다. 이스라엘이 출애굽 하여 홍해 앞에 섰을 때 모세가 한 선포부터 시작해 허다합니다.

여호와께서 너희를 위하여 싸우시리니 너희는 가만히 있을지니라(출 14:14).

모세는 홍해를 가르고 이스라엘을 이끄신 하나님을 경험합니다. 그리고 이 놀라운 경험을 한 모세가 자신을 이어 가나안으로 들어가야 하는 여호수아에게 그 경험을 들어 이렇게 선포했습니다.

> 너희는 그들을 두려워하지 말라 너희의 하나님 여호와께서 친히 너희를 위하여 싸우시리라(신 3:22).

히스기야 왕은 앗수르 왕 산헤립이 유다로 쳐들어왔을 때 백성에게 이렇게 말합니다. 하나님이 우리를 대신하여 싸우신다는 선포였습니다.

> 그와 함께하는 자는 육신의 팔이요 우리와 함께하시는 이는 우리의 하나님 여호와시라 반드시 우리를 도우시고 우리를 대신하여 싸우시리라 하매 백성이 유다 왕 히스기야의 말로 말미암아 안심하니라(대하 32:8).

그런데 우리는 이것을 잘 모릅니다. 이 일들은 모두 영적인 영역에서 벌어지기 때문입니다. 하지만 하나님이 일하고 계시기에 우리가 지금까지 걸어올 수 있었던 것입니다. 바울은 이에 대해 다음과 같이 말했습니다.

> 너희 안에서 착한 일을 시작하신 이가 그리스도 예수의 날까지 이루실 줄을 우리는 확신하노라(빌 1:6).

우리 가운데서 선한 일을 시작하신 하나님이 그리스도 예수께서 다시 오시는 날까지 그 일을 완성하실 것을 확신하기에 우리가 끝까지 갈 수 있는 것입니다. 결국 불은 하나님의 의지, 즉 우리 안에 생긴 하나님의 의지가 가져다주는 에너지임을 알 수 있습니다. 참 신기한 일입니다.

9. 현재 하나님 나라를 경험하는 방법
_ 궁전으로 들어가기 위해 도전한 한 사나이를 보다(행 14:22)

한쪽 벽에 불길이 타오르는 방을 지나자 해석자는 크리스천을 멋진 궁전으로 안내했습니다. 너무나도 아름다운 궁전이었습니다. 그곳에는 금빛 옷을 입은 사람들이 거닐고 있었습니다.

크리스천은 궁전으로 들어가고 싶었습니다. 그런데 궁전 대문 앞에 가 보니 주변에서 수많은 사람이 서성거리고 있을 뿐 들어갈 엄두도 내지 못하고 있었습니다. 왜냐하면 무작정 들어갈 수 있는 곳이 아니었기 때문입니다. 궁전에 들어가려면 명부에 이름을 적은 후, 문 앞에서 무장을 하고 지키고 서 있는 군인들과 일전을 불사해야 했습니다. 그때 한 사람이 자원해서 나옵니다.

그때 크리스천은 매우 용감해 보이는 어떤 남자가 책상에 앉아 이름을 적

고 있는 사람에게 다가가는 것을 보았다. 그 사람은 "내 이름을 적어 주십시오."라고 말했다. 이름이 적히자 그 사람은 칼을 뽑아 들고 머리에 투구를 눌러 쓰고는 문 앞에서 무장을 하고 지키고 서 있는 장정들을 향해 용감하게 나아갔다. 무장한 사람들은 죽을힘을 다해 그를 막았다. 그러나 그 사람은 조금도 용기를 잃지 않고 칼을 마구 휘두르며 치열하게 싸움을 벌이면서 필사적으로 나아갔다. 그 사람은 안으로 들어가지 못하게 하려는 무사들과 맞서 많은 상처를 입기도 하고 또 입히기도 한 끝에(마 11:12, 행 14:22) 갑옷 입은 사람들을 모두 밀치고 마침내 궁전 안으로 들어갈 수 있었다.

참 재미있는 묘사입니다. 그런데 여기서 주의해야 할 것은 궁전 문 앞에서 이름을 적는 사람과 궁전에 들어가려는 사람을 막는 군인들이 나쁜 쪽이 아니라는 점입니다. 이 모든 상황은 오히려 궁전에 들어갈 자격을 가진 자를 뽑는 경연장 같은 느낌이라고 해야 옳습니다. 그래서 한 사나이가 도전하며 나아가 이렇게 외친 것입니다. "내 이름을 적어 주십시오."

마치 "도전하겠습니다!"라는 말처럼 들립니다. 물론 낭만적인 경연장이라고 볼 수는 없습니다. 존 번연은 이 장면을 통해 천국에 들어가는 자들이 당할 싸움을 말하고 싶었던 것 같습니다. 그래서 사도행전 14장 22절을 인용했습니다. 바울이 루스드라에서 유대인들의 충동으로 돌에 맞아 죽을 뻔한 일이 있는데, 이 말씀은 그 일이 있었던 후 바울이 제자들에게 권면한 내용입니다.

제자들의 마음을 굳게 하여 이 믿음에 머물러 있으라 권하고 또 우리가 하나님의 나라에 들어가려면 많은 환난을 겪어야 할 것이라 하고(행 14:22).

언젠가 우리는 천국에 들어갈 것입니다. 천국에 들어가는 자의 조건은 예수님을 믿는 믿음이기 때문입니다. 그렇다면 존 번연과 바울의 이런 표현은 적절하지 않을 수 있습니다. 하지만 바울은 단순히 천국에 들어가는 자격의 의미에서 "환난을 겪어야 한다"고 말한 것이 아닙니다. 우리가 천국에 이르는 여정 가운데 우리를 방해하는 많은 세력을 만나 어려움을 겪을 것이라는 의미로 말한 것입니다.

그렇다면 우리는 어떻게 살아야 합니까? 많은 크리스천이 환난과 어려움을 피하려고 합니다. 그런 태도는 결국 자신이 크리스천이라는 사실을 드러내지 못하게 합니다. 하나님 나라에 대해 충분히 기대하지 못하게 합니다. 자신 안에 하나님 나라가 이루어지지 못하게 합니다. 하지만 우리는 오늘 현세의 삶 속에서도 하나님 나라를 경험할 수 있습니다. 주님은 이렇게 말씀하셨습니다.

여기 있다 저기 있다고도 못하리니 하나님의 나라는 너희 안에 있느니라(눅 17:21).

하나님 나라는 미래적이기도 하지만 현재적이기도 합니다. 주님은 산상수훈에서 하나님 나라의 도래를 현재적으로 설명하셨습니다.

심령이 가난한 자는 복이 있나니 천국이 그들의 것임이요(마 5:3).

"그들의 것이다"는 헬라어 본문에서 보면 "아우톤 에스틴"이라고 합니다. 여기서 동사 "에이미"를 "에스틴", 즉 직설법 현재 능동태 3인칭 단수로 기술했다는 것은 하나님 나라를 단순히 미래적이 아니라 현재부터 미래까지 이어지는 것으로 설명하고자 한 것입니다. "심령이 가난한" 삶을 추구하는 자들, 이미 그런 삶을 사는 자들은 현재의 삶 속에서 하나님 나라를 경험할 수 있다는 것입니다.

그런데 알다시피 이 같은 삶에는 고난이 따릅니다. 바로 "가난함"입니다. 사람을 죽게 할 수도 있는 가난함 말입니다. 누가복음은 아예 "심령"이라는 말을 빼고 실제적인 "가난함"을 말합니다.

> 너희 가난한 자는 복이 있나니 하나님의 나라가 너희 것임이요(눅 6:20).

"내 이름을 적어 주십시오. 도전하겠습니다!" 이 말은 곧 이런 이야기가 아니겠습니까? "나는 하나님의 사람답게 살겠습니다. 고난과 고통을 즐기겠습니다. 도전하겠습니다!"

그때 하나님 나라가 그 안에 이루어진다고 말씀하신 것입니다. 고난과 고통이 주는 짜릿함을 느끼고 땀 흘리고 난 후에 하나님 나라를 누릴 수 있다는 말입니다.

미래적인 하나님 나라

어떤 의미에서 고난과 고통이 없는 믿음, 곧 자발적인 참여가 없는 믿음은 하나님 나라를 미래에 도래하는 것으로 유보합니다. 십자가에 달린 강도가 예수 그리스도를 시인했을 때입니다. 주님은 그때 하나님 나라를 선포하십니다.

예수께서 이르시되 내가 진실로 네게 이르노니 오늘 네가 나와 함께 낙원에 있으리라 하시니라(눅 23:43).

"나와 함께 있으리라"로 번역된 헬라어 본문은 "메트 에무 에세"로, 여기서 동사 "에이미"는 "에세", 곧 직설법 미래 중간태 디포넌트(deponent, 형태는 수동이고 뜻은 능동인 동사) 2인칭 단수를 쓰고 있습니다. 중간태 디포넌트를 쓴 것이 중요합니다. 특히 디포넌트라는 사실을 살펴봐야 합니다. 디포넌트 동사는 행동을 일으키는 자가 행동하여 무엇이 이루어지지만 사실은 하나님이 하신 것이라는 의미를 가진 동사입니다. 그러므로 이 구절은 분명히 강도가 주님을 시인함으로써 하나님 나라에 들어가는 것이지만 그것을 이루게 하는 분은 주님이시라는 의미입니다.

그렇다면 왜 디포넌트 동사가 이런 의미를 갖습니까? 우리의 행동에 확신이 없거나 신적인 개입이 필요할 때 이 동사가 쓰입니다. 강도의 고백은 스스로 하나님 나라를 체험할 수 없다는 것을 보여 줍니다. 반드시 주님의 도래와 성취가 있어야만 하나님 나라를 경험할 수 있음을 말합니다.

그렇다면 왜 강도는 하나님 나라를 현재 경험할 수 없습니까? 그는 한 일이 아무것도 없기 때문입니다. 고난과 환난을 통과한 적이 없기 때문입니다. 하나님 나라를 현재 경험하려면 반드시 고난과 환난을 감내하고 통과해야만 합니다.

즐길 수 있는 하나님 나라

주님을 위하여 고난과 환난을 당당하게 만난다면 당연히 하나님 나라를 경험하게 될 것입니다. 이 놀라운 사실을 알게 된 이들에게 고난이란 기뻐하고 즐길 수 있는 것일 뿐입니다.

> 오히려 너희가 그리스도의 고난에 참여하는 것으로 즐거워하라 이는 그의 영광을 나타내실 때에 너희로 즐거워하고 기뻐하게 하려 함이라(벧전 4:13).

바울은 의도적으로 함께 고난을 받자고 권면했습니다.

> 너는 그리스도 예수의 좋은 병사로 나와 함께 고난을 받으라 병사로 복무하는 자는 자기 생활에 얽매이는 자가 하나도 없나니 이는 병사로 모집한 자를 기쁘게 하려 함이라(딤후 2:3-4).

> 자녀이면 또한 상속자 곧 하나님의 상속자요 그리스도와 함께한 상속자니 우리가 그와 함께 영광을 받기 위하여 고난도 함께 받아야 할 것이니라(롬 8:17).

바울은 고난의 의미를 좀 더 발전시켜서 이 고난이란 주님이 받으셔야 할 남은 고난을 우리가 대신 받는 것이라고 해석했습니다. 즉, 고난이란 주님의 사역에 참여하는 위대한 동역인 것입니다.

나는 이제 너희를 위하여 받는 괴로움을 기뻐하고 그리스도의 남은 고난을 그의 몸 된 교회를 위하여 내 육체에 채우노라(골 1:24).

근사하지 않습니까? 이제 이렇게 말해 보십시오.
"도전하겠습니다!"

10. 용서받을 수 없는 시간이 올 수 있다

_ 철창에 갇힌 한 남자를 만나다(히 6:4-6)

크리스천은 기꺼이 싸울 준비가 되어 있었습니다. 그는 궁전 앞에서 담대하게 나아간 그 사나이처럼 "내 이름을 적어 주십시오. 도전하겠습니다!"라고 할 마음이 충분했습니다. 자신 있었습니다.

궁전으로 들어간 그 사람은 궁전 안에 있는 사람들과 같은 옷을 입게 되었다. 이를 본 크리스천은 웃으며 말했다. "무엇을 뜻하는지 잘 알 것 같습니다. 이제 저는 길을 떠나야 하겠습니다."

그런데 해석자가 아직은 아니라고 말하면서 크리스천의 손을 이끌고 칠흑처럼 캄캄한 방으로 들어갔습니다. 거기에는 어떤 남자가 철창에 갇혀 있었습니다.

그 사람은 깊은 슬픔에 젖어 있었다. 바닥을 향해 시선을 고정한 채 팔짱을 끼고 땅이 꺼질 듯이 한숨만 내쉬고 있었다.

크리스천은 그 남자와 직접 대화하기 시작했습니다. 그런데 놀라운 사실은 그 남자가 스스로 자신이 회복되는 것이 불가능하다고 고백한 것입니다.

이 철창 안에 갇혀 아무 데도 갈 수 없는 절망의 인간이 되었습니다. 이젠, 괴로움만 있을 뿐입니다. 아무리 해도 이 절망감에서 벗어날 수가 없단 말이오. 벗어날 수가! ……내 마음은 이제 회개조차 할 수 없는 아주 강퍅하고 부패한 마음이 되어 버렸어요.

회개조차 할 수 없게 되었다

회개할 수 없는 것이 가능합니까? 가룟 유다의 경우를 보면 회개할 수 없다는 말이 맞지만, 십자가에 달린 한 강도가 죽기 직전에 회개할 수 있었던 모습을 보면 틀린 말이기도 합니다. 약간은 이율배반적입니다.

이것을 어떻게 이해해야 합니까? 우선 성경이 말하는 용서받을 수 없는 죄들을 살펴볼 필요가 있습니다. 히브리서 기자는 용서받지 못하는 죄에 대해 이렇게 언급했습니다.

한 번 빛을 받고 하늘의 은사를 맛보고 성령에 참여한 바 되고 하나님의 선한 말씀과 내세의 능력을 맛보고도 타락한 자들은 다시 새롭게 하여 회

철창에 갇혀 있는 남자

개하게 할 수 없나니 이는 그들이 하나님의 아들을 다시 십자가에 못 박아 드러내 놓고 욕되게 함이라(히 6:4-6).

모든 것을 알고 경험했으면서도 스스로 의지를 가지고 의도적으로 주님을 부정한 것은 용서받을 수 없다는 말입니다. 이것을 주님은 성령을 모독했다는 말로 설명하셨습니다.

내가 진실로 너희에게 이르노니 사람의 모든 죄와 모든 모독하는 일은 사하심을 얻되 누구든지 성령을 모독하는 자는 영원히 사하심을 얻지 못하고 영원한 죄가 되느니라(막 3:28-29).

또 누구든지 말로 인자를 거역하면 사하심을 얻되 누구든지 말로 성령을 거역하면 이 세상과 오는 세상에서도 사하심을 얻지 못하리라(마 12:32).

그렇다면 "말로 인자를 거역하는 것"과 "말로 성령을 거역하는 것"은 어떤 차이가 있습니까? "말로 인자를 거역하는 것"은 이성적으로 거역하고 부정하는 것이라 할 수 있습니다. 그 당시 예수님을 부정했던 수많은 바리새인들과 유대인들을 말할 수 있습니다.

하지만 "말로 성령을 거역하는 것"은 다른 차원입니다. 성령을 거역한다는 것은 성령의 음성을 들었다는 것을 말합니다. 단순히 인식의 차원이 아니라 내면의 소리를 듣는, 곧 영적이라는 말입니다. 그런데 그런 영적 영역에서 들리는 소리를 부정한 것입니다. 매우 의도적이란 말입니다.

그도 크리스천이었다

그러므로 이 경우의 전제는 반드시 그가 예수님을 믿고 있으며 내면적인 경험을 갖고 있고 또한 성령의 음성을 듣는 자여야 합니다. 철창 속에 있는 남자의 말을 들어 보면 알 수 있지만 그도 주님을 믿는 크리스천이었습니다. 그 남자의 말입니다.

> 한때는 나도 모든 사람들이 인정해 주던 훌륭한 신자였고 지식도 많은 사람이었소(눅 8:13). 그 당시만 해도 하늘나라에 소망을 두고 확신하며 기쁨에 찬 생활을 하며 살았지요.

그런데 지금은 마음이 딱딱해서 회개조차 할 수 없는 참담한 존재가 되었습니다. 크리스천이 어쩌다가 이렇게 되었냐고 묻자 그가 이렇게 대답했습니다.

> 난 항상 깨어서 기도하지 못했고, 그로 인해 세상적으로 살면서 내 정욕이 나를 둘러 감았고 하나님의 선하심과 그 말씀에 거역하는 죄를 범하게 되었답니다. 성령을 거스르고 훼방하므로 성령님은 슬퍼서 나를 떠나고 말았습니다. ……늘 하나님을 노엽게 했으니 하나님께서 떠나시고 내 마음은 이제 회개조차 할 수 없는 아주 강퍅하고 부패한 마음이 되어 버렸어요.

정말 회개할 수 없는 것입니까? 정말 용서받을 수 없는 것입니까? 앞서

히브리서 기자나 주님이 말씀하신 것은 분명히 용서받을 수 없는 죄입니다. 그런 점에서 그가 회개할 수 없고 용서받지 못한다는 것이 옳습니다. 하지만 용서받을 수 있다고 봐야 합니다. 용서받을 수 있는 상황이 없다고 말하면 하나님의 은혜는 제한적인 것이 되어 전적인 은혜와 배치되기 때문입니다. 원수까지 사랑하라고 하시는 하나님의 말씀 또한 위배하는 것이 됩니다. 하지만 회개할 수 없고 용서받지 못한다는 말씀이 틀린 것이 아니라면 시각을 달리할 필요가 있습니다.

무거워지다

토마스 아퀴나스는 그가 쓴 『대이교도대전』에서 인간에게는 두 종류의 죄가 있다고 말했습니다. 용서될 수 있는 죄와 용서받을 수 없는 죄인 중죄(peccatum mortale)가 그것입니다.

우리 인간에 있어서 의지처럼 자연 사물에 있어서 자연적인 성향이 그렇게 있다. 만약 어떤 한 자연 사물로부터 목적을 위한 그것의 경향이 박탈된다면 이 사물은 어떤 식으로도 이 목적에 도달하지 못할 것이다. 예를 들면 어떤 한 무거운 물체가 파괴로 인해 그것의 무게를 상실하고 가벼워졌다면 이 물체는 그것의 목적에 도달하지 않을 것이다. 그러나 만약 그 물체가 목적을 향한 경향은 그대로 있는 반면 다만 그것이 움직여질 때 방해받은 것이라면 이 물체는 이 방해 요소가 제거되면 목적에 도달할 것이다. 이제 중죄를 범한 사람에 있어서 의지는 최종적인 목적으로부터 완전히 돌아서 있다. 그러나 용서될 수 있는 죄를 범한 사람에게 있어서는 전향에도 불구하고 목적을 향한 방향은 유지된 채로 있지만, 이 방향이 다만 목적에만 향해 있는 사물들에 필요 이상으로 매달려 있는 한, 어떤 방식으로든 방해받는다. 그러므로 중죄를 범하는 사람에게는 목적에 도달하는 것으로부터 완전히 배제되는 벌이 당연히 주어진다. 그러나 용서될 수 있는 죄를 범한 사람에게는 그가 목적에 도달하기 전에 어떤 어려움을 겪는 것이 주어진다(『대이교도대전』, 3권, 143장).

토마스 아퀴나스는 중죄를 "목적을 위한 그것의 경향이 박탈된" 상태라고 말했습니다. 그리고 이를 어떤 물체가 무게를 상실함으로 목적에 이를 수 없는 상태와 같은 것이라고 설명했습니다. 더 이상 그 동력이 남지 않은 것입니다.

우리도 이와 같습니다. 우리는 우리 힘으로 자신을 회복할 수 없습니다. 자신을 살리는 힘이 나오지 않는 제한적인 존재이기 때문입니다. 우리는 주님의 전적인 힘에 의존해야만 살아날 수 있습니다. 그런데 철창 속에 있는 남자는 살 수 있는 길을 버렸습니다. 그는 주님의 제안을 모두 버리고 스스로 자신을 짊어졌습니다. 유다의 경우에는 주님이 대신 지고 계셨던 그의 죄들이 다시 실존적으로 그에게 돌아왔습니다. 그것이 유다의 끝이었습니다.

죄의 시작

그렇다면 철창 속에 있는 남자는 왜 이렇게 되었습니까? 그 시작을 그는 이렇게 고백했습니다.

난 항상 깨어서 기도하지 못했고, 그로 인해 세상적으로 살면서 내 정욕이 나를 둘러 감았고 하나님의 선하심과 그 말씀에 거역하는 죄를 범하게 되었답니다. 성령을 거스르고 훼방하므로 성령님은 슬퍼서 나를 떠나고 말았습니다.

그는 마치 가룟 유다가 돈의 유혹에 이끌린 것처럼 정욕에 이끌려 살았습니다. 당연히 이 정욕은 하늘로부터 온 것이 아닙니다.

> 이 세상이나 세상에 있는 것들을 사랑하지 말라 누구든지 세상을 사랑하면 아버지의 사랑이 그 안에 있지 아니하니 이는 세상에 있는 모든 것이 육신의 정욕과 안목의 정욕과 이생의 자랑이니 다 아버지께로부터 온 것이 아니요 세상으로부터 온 것이라(요일 2:15-16).

"정욕"을 다른 말로 하면 "육신의 생각"이라 할 수 있는데, 결국 정욕에 사로잡힌 자는 육신을 따르는 삶을 살 수밖에 없습니다. 성경은 그 삶의 끝을 "사망"이라고 말합니다.

> 육신을 따르는 자는 육신의 일을, 영을 따르는 자는 영의 일을 생각하나니 육신의 생각은 사망이요 영의 생각은 생명과 평안이니라(롬 8:5-6).

성령은 우리 안에서 우리를 지도하시고 바른길을 제시하십니다. 그런데 육신의 정욕에 사로잡혀 있으면 성령을 거스르고 훼방하는 것에 이릅니다. 그래서 바울은 그 정욕을 이기기 위해 매일 자신을 십자가에 못 박으며 자신과 싸웠습니다.

> 그리스도 예수의 사람들은 육체와 함께 그 정욕과 탐심을 십자가에 못 박 았느니라(갈 5:24).

그렇지만 아직도 이긴 것은 아닙니다. 끝없이 싸우는 상태입니다. 그래서 기회가 있는 것입니다. 다윗을 보면 그것을 알 수 있습니다. 그는 특히 자신의 연약함을 놓고 주님께 의존했습니다.

반면 사울은 주님을 의존하지 않고 자기의 길을 갔습니다. 가룟 유다 역시 마찬가지였습니다. 그들은 자신을 방임했습니다. 더러운 것에 자신을 맡기고 유기한 것입니다.

회복이 가능하다

이제 다윗의 기도를 이해할 수 있을 것입니다. 말로 표현할 수 없을 정도로 참혹한 범죄를 저지른 다윗이 나단 선지자의 경고 앞에 드린 이 기도를 말입니다.

> 하나님이여 내 속에 정한 마음을 창조하시고 내 안에 정직한 영을 새롭게 하소서 나를 주 앞에서 쫓아내지 마시며 주의 성령을 내게서 거두지 마소서 주의 구원의 즐거움을 내게 회복시켜 주시고 자원하는 심령을 주사 나를 붙드소서(시 51:10-12).

다윗은 이제야 정직한 기도와 의존적 기도를 드리고 있습니다. 자신 안에 선한 것이 없고 즐거움이 사라졌다는 것, 주님을 향해 자원하는 마음이 있다는 것을 인식한 것입니다. 그런 점에서 다윗은 다행입니다. 깨지고 부서진 완전히 엉터리 마음이라도 진심으로 나아갈 수 있었기 때문입니다. 그는 주님이 회복시키실 것을 믿었습니다. 그래서 이 고백이 아름다운 것입니다.

> 하나님께서 구하시는 제사는 상한 심령이라 하나님이여 상하고 통회하는 마음을 주께서 멸시하지 아니하시리이다(시 51:17).

아쉽게도 크리스천이 만난 남자는 이 모든 것을 이기고 다시 시작할 수 있는 사람이 아니었습니다. 주님이 마지막 순간까지 일하며 기다리고 계시는데도 그는 절망만 하고 있었습니다.

말씀을 읽으면서 믿음이 생기고 깨달음이 있다면, 회개한 후에 회개의 기쁨이 있다면 희망이 있다는 것을 기억하십시오.

11. 천국과 지옥, 심판과 재림은 있다
_ 침대에서 떨고 있는 한 남자를 만나다(살전 4:16-17)

철창에 갇힌 채 용서받을 수 없는 시간을 만난 남자를 보면서 크리스천은 새로운 다짐을 했습니다. 우리가 언제나 해야 할 다짐이기도 합니다.

무서운 일이군요! 아, 하나님 항상 깨어 기도하게 하소서. 이 불쌍한 남자와 같이 비참한 처지가 되지 않게 도와주소서.

크리스천이 이제 길을 떠나도 되냐고 묻자 해석자는 한 가지를 더 보고 가라고 요청했습니다. 해석자가 크리스천을 이끌고 간 곳은 한 침실이었습니다. 그곳에는 한 남자가 침대에서 일어나 앉아 있었습니다. 옷을 입을 때 그는 온몸을 와들와들 떨었습니다. 지난밤 잠을 자다가 꿈에서 본 일 때문이었습니다.

그때였어요. 구름 위에서 요란한 나팔 소리가 들리더니 천지가 진동하고 구름 위에서는 어떤 사람이 수천 명의 시중을 받고 있는 것이 보였습니다. ……그때 "일어나라, 너희 죽은 자들아. 깨어서 일어나 심판을 받으러 올라오라"는 우렁찬 목소리가 울려 퍼졌습니다. 그 음성이 끝나자 사방에서 바위가 갈라지고 무덤들이 열리면서 죽은 자들이 살아 밖으로 걸어 나오는 것이었습니다(요 5:28-29; 고전 15:51-52; 살후 1:7-9).

간과한 이야기

이것은 주님의 재림과 마지막 날에 대한 꿈입니다. 철창에 갇힌 남자를 본 후 그곳을 떠나려 했던 크리스천이 반드시 봐야 할 것이었습니다.

어느 날부터인가 천국과 지옥, 심판에 대한 이야기가 간과된 것이 사실입니다. 내세에 대한 이야기가 강단에서 슬그머니 사라진 경향이 있습니다. 당연합니다. 이 세상을 강조하기 때문입니다. 이 세상에서의 축복과 영광만을 강조하기 때문입니다.

원래 많은 이단이 이 세상에 이루어지는 왕국을 강조했고 모든 것을 물질적으로 해석했습니다. 그런데 지금은 정통 교회조차 이단성을 띠기 시작했습니다. 이 세상에서의 축복에 초점이 맞춰져 있기 때문입니다. 하지만 존 번연이 말하고자 한 것처럼 천국과 지옥, 심판이 있다는 사실을 잊지 말아야 합니다. 존 번연은 이 사실에 대해서 설명할 때 여러 성경 구절을 근거로 하고 있습니다. 그중 대표적인 구절이 고린도전서 15장 말씀과 데살로니가전서 4장 말씀입니다.

보라 내가 너희에게 비밀을 말하노니 우리가 다 잠잘 것이 아니요 마지막 나팔에 순식간에 홀연히 다 변화되리니 나팔 소리가 나매 죽은 자들이 썩지 아니할 것으로 다시 살아나고 우리도 변화되리라(고전 15:51-52).

주께서 호령과 천사장의 소리와 하나님의 나팔 소리로 친히 하늘로부터 강림하시리니 그리스도 안에서 죽은 자들이 먼저 일어나고 그 후에 우리 살아남은 자들도 그들과 함께 구름 속으로 끌어 올려 공중에서 주를 영접하게 하시리니 그리하여 우리가 항상 주와 함께 있으리라(살전 4:16-17).

이외에도 여러 말씀을 근거로 하고 있지만 침대에 있던 남자가 두려워하고 있는 이유는 데살로니가전서 말씀을 근거로 한 묘사 때문이었습니다.

시중드는 사람들에게 다시 한번 명령이 내렸습니다. "알곡을 곳간에 모아들이라"(눅 3:17). 그러자 많은 사람들이 구름 속으로 들려 올라가는 것이 보였습니다. 그런데 나만 홀로 땅에 남아 있었습니다(살전 4:16-17). 나 역시 숨으려고 했지만 숨을 곳이 없었어요.

'많은 사람이 들려 올라가는데 나만 홀로 남아 있었다.' 이것이 그 남자가 두려워하며 잠에서 깬 이유였습니다.

이단들의 학습 효과

사실 우리는 지금 이 같은 성경의 기록에 별로 관심이 없습니다. 그것이 이단들의 교란 효과 중의 하나입니다. 알다시피 주님이 재림하신다고 수없이 외치고 경고했던 이들은 대부분 이단이었습니다. 하지만 주님은 재림하지 않으셨습니다. 당연한 일입니다. 그들은 주님과 상관없는 자들이기 때문입니다.

그런데 그들이 외치는 왜곡된 재림과 천국 그리고 심판에 대한 묘사 때문에 우리에게 일종의 왜곡된 학습 효과가 나타나게 되었습니다. 재림, 천국, 지옥, 심판 등에 대해 면역 주사를 맞은 듯 그것들에 대한 두려움이 사라져 버린 것입니다. 더욱이 심각한 것은 이 놀라운 성경의 기록들을 믿지 않는 사태가 벌어진 것입니다.

주님의 재림을 믿습니까? 천국과 지옥이 있음을 믿습니까? 심판을 믿습니까? 존 번연이 그것을 설명할 때 근거로 한 많은 말씀 중에 요한계시록의 이 말씀도 믿습니까?

또 내가 보니 죽은 자들이 큰 자나 작은 자나 그 보좌 앞에 서 있는데 책들이 펴 있고 또 다른 책이 펴졌으니 곧 생명책이라 죽은 자들이 자기 행위를 따라 책들에 기록된 대로 심판을 받으니 바다가 그 가운데에서 죽은 자들을 내주고 또 사망과 음부도 그 가운데에서 죽은 자들을 내주매 각 사람이 자기의 행위대로 심판을 받고 사망과 음부도 불못에 던져지니 이것은 둘째 사망 곧 불못이라 누구든지 생명책에 기록되지 못한 자는 불못에 던져지더라(계 20:12-15).

정말 이해할 수 없는 일들이지만 성경에 있는 이 말씀들은 그날에 이루어질 것입니다. 실감이 납니까? 당연히 실감 나지 않을 것입니다. 아마 침대에 있던 남자도 처음에는 실감 나지 않았던 것 같습니다. 그런데 많은 사람이 들려 올라가는데 자신만 홀로 남아 있던 장면 때문에 그가 두려움을 경험합니다.

우리는 이 놀라운 광경과 기록을 믿어야 합니다. 이 같은 기록에 대한 믿음은 우리에게 새로운 다짐을 하게 할 것입니다. 해석자의 물음에 대한 크리스천의 대답처럼 말입니다.

해석자 : 당신은 지금까지 본 것들을 신중히 생각해 보셨습니까?
크리스천 : 예, 제 마음에 두려움과 기쁨을 동시에 갖게 되었습니다.
해석자 : 그래요. 좋은 교훈이 될 수 있도록 지금껏 보았던 일들을 명심하십시오. 앞으로 당신이 가는 길에 이것이 힘이 되길 바랍니다.

자신을 살피고 깨어 있으라

우리는 이 같은 성경의 기록들, 곧 마지막 때, 심판, 천국과 지옥, 재림에 대한 기록들이 주는 의미를 깊이 생각해야 합니다. 그래야 비로소 우리 자신을 살피며 주의하기 때문입니다. 바울이 데살로니가전서 4장의 말씀을 쓴 이유도 그 때문이었습니다.

물론 바울이 쓴 그 말씀에는 이 같은 심판이 오지만 우리와는 상관이 없다는 것을 분명히 밝히는 기록이 있습니다. 데살로니가전서 5장 2-6절을 읽을 텐데, 먼저 4-5절을 읽고 이어서 다른 구절들을 읽겠습니다.

형제들아 너희는 어둠에 있지 아니하매 그날이 도둑같이 너희에게 임하지 못하리니 너희는 다 빛의 아들이요 낮의 아들이라 우리가 밤이나 어둠에 속하지 아니하나니(살전 5:4-5).

그렇다면 바울은 왜 우리와는 관계없는 말씀을 쓴 것입니까? 그 이유는 우리가 철창에 갇힌 남자와 침대에서 떨고 있는 남자처럼 될 수 있기 때문입니다. 다시 말해 회복이 불가능한 상황에 이를 수 있기 때문입니다. 바울의 의도는 우리를 깨우쳐 스스로 돌아보고 살피게 하고자 했던 것입니다. 존 번연의 의도도 마찬가지였습니다.

주의 날이 밤에 도둑같이 이를 줄을 너희 자신이 자세히 알기 때문이라 그들이 평안하다, 안전하다 할 그때에 임신한 여자에게 해산의 고통이 이름과 같이 멸망이 갑자기 그들에게 이르리니 결코 피하지 못하리라……그러므로 우리는 다른 이들과 같이 자지 말고 오직 깨어 정신을 차릴지라 (살전 5:2-3, 6).

사실 주님도 제자들에게 마지막 때에 대한 말씀을 매우 길게 하셨습니다. 예를 들어, 마가복음 13장 전체가 종말과 심판에 관한 말씀입니다. 그러나 그 말씀의 목적은 우리가 스스로 살피고 깨어 있게 하기 위함이었습니다. 주님은 13장의 마지막 부분에서 그것을 밝히셨습니다.

그러나 그날과 그때는 아무도 모르나니 하늘에 있는 천사들도, 아들도 모르고 아버지만 아시느니라 주의하라 깨어 있으라 그때가 언제인지 알지 못함이라……그러므로 깨어 있으라 집주인이 언제 올는지 혹 저물 때일는지, 밤중일는지, 닭 울 때일는지, 새벽일는지 너희가 알지 못함이라(막 13:32-33, 35).

존 번연은 해석자가 보여 준 일곱 개의 방을 통해서 하나님 나라에 이르기까지 어떤 문제가 발생할 수 있으며 어떤 준비를 해야 하는지 설명하고자 한 것입니다.

다행인 것은 아직 우리에게 이 일들이 이루어지지 않았으며, 더욱이 그 철창 속에 있는 남자처럼 돌아갈 수 없는 상황이 아니라 돌아갈 수 있는 상태라는 것입니다. 그러니 멈춰야 할 것은 멈춰야 하고, 버려야 할 것은 버려야 합니다. 돌아설 수 있을 때 말입니다. 그리고 기뻐해야 합니다. 돌아설 수 있으니 말입니다.

Part 2.

십자가에서 앞만 보고
걸어가다

12. 앞만 보고 달려가야 한다
_ 십자가 앞에서 죄의 짐이 벗겨지다(히 10:22-25)

크리스천은 길을 다시 떠났는데 그가 가야 할 길 양쪽에 담이 서 있었습니다.

나는 꿈에서 크리스천이 가야 할 길 양쪽에 담이 서 있는 것을 보았다. 구원이라고 불리는 담이었다(사 26:1). 크리스천은 그 길로 달려 올라갔다. 그렇지만 등에 진 짐 때문에 수월하지는 않았다.

그 담의 이름이 구원이라는 사실이 중요합니다. 또 한 가지 중요한 사실은 크리스천이 여전히 등에 짐을 짊어지고 있다는 것입니다. 이미 예수님을 믿는 크리스천이 구원을 받은 상태이지만 여전히 등에는 짐을 짊어지고 있다고 묘사한 것입니다.

죄의 문제

우리가 예수님을 믿을 때 구원받는 것은 사실입니다. 죄에서 놓임을 받는 것도 맞습니다.

> 내가 진실로 진실로 너희에게 이르노니 내 말을 듣고 또 나 보내신 이를 믿는 자는 영생을 얻었고 심판에 이르지 아니하나니 사망에서 생명으로 옮겼느니라(요 5:24).

이것은 진실입니다. 그러면 정말로 죄가 사라진 것입니까? 물론 죄는 사라진 것이 맞습니다. 하지만 사라지지 않았습니다. 예를 들어, 1만 달란트 빚진 자 이야기에서 주인은 그 빚진 자를 용서해 주었습니다. 그러나 그 빚진 자는 자신에게 100데나리온 빚진 동료를 용서해 주지 않아 결국 모든 빚을 다 갚아야 하는 상황에 이릅니다. 그런 의미에서 우리의 죄는 사라졌지만 사라지지 않은 것입니다.

사실 성경에는 그런 관점에서 쓴 기록들이 많습니다. 시편 기자와 히브리서 기자가 쓴 우리 죄에 대한 하나님의 생각을 읽어 보겠습니다.

> 우리의 죄를 따라 우리를 처벌하지는 아니하시며 우리의 죄악을 따라 우리에게 그대로 갚지는 아니하셨으니 이는 하늘이 땅에서 높음같이 그를 경외하는 자에게 그의 인자하심이 크심이로다 동이 서에서 먼 것같이 우리의 죄과를 우리에게서 멀리 옮기셨으며(시 103:10-12).

> 또 그들의 죄와 그들의 불법을 내가 다시 기억하지 아니하리라 하셨으니 이것들을 사하셨은즉 다시 죄를 위하여 제사 드릴 것이 없느니라 그러므로 형제들아 우리가 예수의 피를 힘입어 성소에 들어갈 담력을 얻었나니 (히 10:17-19).

히브리서 기자는 사하심의 차원을 "기억하지 않겠다"는 말로 표현했습니다. 이것을 바울의 말로 하면 '칭의', 즉 의롭다 하신 것입니다. 주님이 우리의 죄를 대신 짊어지심으로 말입니다.

> 그리스도 예수 안에 있는 속량으로 말미암아 하나님의 은혜로 값없이 의롭다 하심을 얻은 자 되었느니라(롬 3:24).

'의롭다 하심을 얻었다!' 그렇다면 의롭다 하심을 유지하는 핵심은 '그리스도 안에 있는' 것입니다. 역으로 생각하면 그리스도 밖에 거하는 순간 다시 죄의 무게가 원래로 돌아온다는 말이기도 합니다. 1만 달란트 빚진 자의 이야기에서 보는 것처럼 말입니다.

그러나 무엇보다 중요한 것은 죄 사함의 문제가 우리의 노력으로 이루어지는 것이 아니라는 점입니다. 행여 조금이라도 그렇게 생각하는 것은 옳지 않습니다. 죄 사함을 받는 것은 전적으로 하나님의 은혜입니다. 인간이 자랑할 만한 의로움, 정확히 말해서 죄 사함을 받을 만큼 강력한 의로운 행위는 없습니다.

그렇다면 우리가 해야 할 일은 없는 것입니까? 다시 생각해 보겠습니다. 1만 달란트의 빚을 갚을 방법은 없습니다. 우리의 행위적 노력으로는 갚을 길이 없는 것입니다. 그런 의미에서 우리가 노력한다고 되는 일이 아니라는 말은 옳습니다.

그런데 이상한 일이 벌어집니다. 1만 달란트 빚진 자가 100데나리온 빚진 동료를 용서하지 않자 다시 1만 달란트 빚이 복원된 것입니다. 이때는 우리의 행위, 곧 100데나리온 빚진 자를 용서하는 행위가 중요합니다. 무려 1만 달란트의 빚을 갚아야 하는 상황을 막을 수 있기 때문입니다. 만약 1만 달란트 빚진 자가 100데나리온을 빚진 자를 용서했다면, 그는 자신의 빚이 탕감된 것을 확인하고 확신할 수 있었을 것입니다. 그런 일이 어떻게 이루어지는지 설명할 수는 없지만 말입니다.

십자가를 바라보라

크리스천은 줄곧 앞만 보고 달렸습니다. 그리고 마침내 십자가 앞에 이르렀습니다.

이렇게 달려간 끝에 크리스천은 약간 경사진 오르막길에 이르렀다. 그곳에는 십자가가 하나 서 있었고 십자가에서 조금 아래로 떨어진 곳 바닥에는 돌로 된 커다란 무덤이 있었다. 나는 크리스천이 십사가 앞에 도착하자마자 어깨에서 짐이 스스로 풀려 등에서 떨어져 나가 굴러 내려가는 것을 꿈속에서 보았다. 그 짐은 계속 굴러 내려가 마침내 무덤 입구 속으로 빠져 들어갔다. 그 뒤로는 더 이상 보이지 않았다.

오랜 시간 그의 등에 있던 짐이 완전히 떨어져 나갔습니다. 줄곧 앞만

크리스천의 죄 짐이 십자가 앞에서 떨어져 나갔다

보고 달려와 십자가 앞에 선 결과였습니다. 그러므로 이제 필요한 것은 계속 십자가를 바라보고 추구하는 것입니다. 히브리서 기자는 그것을 이렇게 표현했습니다.

> 우리가 마음에 뿌림을 받아 악한 양심으로부터 벗어나고 몸은 맑은 물로 씻음을 받았으니 참 마음과 온전한 믿음으로 하나님께 나아가자 또 약속하신 이는 미쁘시니 우리가 믿는 도리의 소망을 움직이지 말며 굳게 잡고 서로 돌아보아 사랑과 선행을 격려하며 모이기를 폐하는 어떤 사람들의 습관과 같이 하지 말고 오직 권하여 그날이 가까움을 볼수록 더욱 그리하자(히 10:22-25).

히브리서 기자는 참 마음과 온전한 믿음으로 하나님께 나아가는 삶을 사랑과 선행 그리고 예배자의 삶으로 표현했습니다. 그렇다면 이제부터는 우리의 죄의 문제가 다 끝난 것입니까? 히브리서 기자는 그렇지 않다고 말하며 이렇게 권면했습니다.

> 이러므로 우리에게 구름같이 둘러싼 허다한 증인들이 있으니 모든 무거운 것과 얽매이기 쉬운 죄를 벗어 버리고 인내로써 우리 앞에 당한 경주를 하며 믿음의 주요 또 온전하게 하시는 이인 예수를 바라보자(히 12:1-2).

"모든 무거운 것과 얽매이기 쉬운 죄"가 여전히 우리에게 있습니다. 그것은 100데나리온과도 같습니다. 자기 연민, 자기 사랑, 자기 형편과 상황을 돌아보지 않는 자기 합리화가 여전히 우리에게 있는 것입니다.

우리는 이것을 버리고 주님을 바라보며 주님을 끝없이 추구해야 합니다. 그러면 어느 날 우리에게 임한 자유를 경험하게 될 것입니다. 진정한 구속과 진정한 자유 말입니다. 그것이 죄의 짐이 벗겨진 크리스천의 모습이라 할 수 있습니다. 좋지 않습니까?

13. 우리의 죄는 없는 것과 같다
_ 몸에서 광채가 나는 세 사람을 만나다(시 121편)

그리스도의 십자가, 그 은혜로 완전히 떨어져 나간 죄의 짐. 우리는 이 구속 사건을 매우 편하게 받아들이지만 사실은 상상할 수 없을 정도로 강력한 은혜의 사건입니다.

이렇게 달려간 끝에 크리스천은 약간 경사진 오르막길에 이르렀다. 그곳에는 십자가가 하나 서 있었고 십자기에서 조금 이래로 떨어진 곳 바닥에는 돌로 된 커다란 무덤이 있었다. 나는 크리스천이 십자가 앞에 도착하자마자 어깨에서 짐이 스스로 풀려 등에서 떨어져 나가 굴러 내려가는 것을 꿈속에서 보았다. 그 짐은 계속 굴러 내려가 마침내 무덤 입구 속으로 빠져 들어갔다. 그 뒤로는 더 이상 보이지 않았다.

주님이 고난받으심으로

크리스천은 이 구속 사건이 예수 그리스도의 십자가, 곧 고통에 기인한다는 것을 정확하게 알고 있었습니다.

"그분이 슬픔을 당하셨기 때문에 내가 쉼을 얻었고 그분께서 죽으심으로 내가 생명을 얻었나이다." 그러고 나서 크리스천은 한동안 넋 나간 사람처럼 십자가를 바라보며 멍하니 서 있었다. 십자가 앞에서 이렇게 쉽사리 짐을 벗어 버리게 된 사실에 그는 놀라움을 금치 못했다. 크리스천은 십자가를 보고 또 보았다. 마침내 그의 눈에는 눈물이 맺혀 두 볼을 타고 주르르 흘러내렸다(슥 12:10).

'슬픔을 당하셨기 때문에!' 우리는 이 진리를 놓치고 있습니다. 예수님은 우리 대신 슬픔을 당하셨습니다. 이사야서는 그것을 매우 강조했습니다.

그는 실로 우리의 질고를 지고 우리의 슬픔을 당하였거늘 우리는 생각하기를 그는 징벌을 받아 하나님께 맞으며 고난을 당한다 하였노라 그가 찔림은 우리의 허물 때문이요 그가 상함은 우리의 죄악 때문이라 그가 징계를 받으므로 우리는 평화를 누리고 그가 채찍에 맞으므로 우리는 나음을 받았도다(사 53:4-5).

왜 주님은 우리의 죄 때문에 고난을 당하셨습니까? 우리의 모든 행위는 어떤 형태로든 대가를 지불해야 하기 때문입니다. 그것이 이 세상의 질서입니다. 그리고 어느 날 자기 행위를 따라 심판을 받게 될 것입니다.

> 또 내가 보니 죽은 자들이 큰 자나 작은 자나 그 보좌 앞에 서 있는데 책들이 펴 있고 또 다른 책이 펴졌으니 곧 생명책이라 죽은 자들이 자기 행위를 따라 책들에 기록된 대로 심판을 받으니……각 사람이 자기의 행위대로 심판을 받고(계 20:12-13).

주님이 우리의 죄를 대신하여 십자가에서 죽으신 것은 죄로 인한 저주를 대신 받으신 것입니다.

> 그리스도께서 우리를 위하여 저주를 받은 바 되사 율법의 저주에서 우리를 속량하셨으니 기록된바 나무에 달린 자마다 저주 아래에 있는 자라 하였음이라(갈 3:13).

이같이 주님이 우리 대신 저주를 받으심으로 심판에 대한 면죄부가 우리에게 주어졌습니다. 그런 까닭에 심판은 없습니다.

> 그를 믿는 자는 심판을 받지 아니하는 것이요 믿지 아니하는 자는 하나님의 독생자의 이름을 믿지 아니하므로 벌써 심판을 받은 것이니라(요 3:18).

더욱 중요한 것은 '구속'의 시점 혹은 유효 기간에 대한 이해입니다. 성경에 이에 대한 놀라운 말씀이 기록되어 있습니다.

내 말을 듣고 또 나 보내신 이를 믿는 자는 영생을 얻었고 심판에 이르지 아니하나니 사망에서 생명으로 옮겼느니라(요 5:24).

성경은 아예 "영생"이라는 말로 유효 기간을 설명하고 있습니다. 요한계시록 기록처럼 심판은 마지막 날에 벌어집니다. 그런데 심판에 이르지 않고 영생, 영원한 것을 소유하게 된 것입니다. 그 영원이란 영원히 사는 것을 말하지만 우리를 완전히 구속했다는 의미가 내포되어 있습니다. 우리의 죄가 지금부터 영원히 우리를 묶을 수 없도록 말입니다.

심판은 없다

'심판은 없다. 우리의 죄는 없는 것과 같다.' 이것이 진리입니다. 크리스천은 바로 이 진리를 경험했습니다. 그로 인해 감격해하는 크리스천에게 몸에서 광채가 나는 세 사람이 찾아와서 한 말도 그것이었습니다.

크리스천이 울며 십자가를 바라보고 서 있을 때 몸에서 광채가 나는 세 사람이 그에게 다가왔다. "평강이 네게 있을지어다." 먼저 한 사람은 "네 죄 사함을 받았느니라"(막 2:5)고 말했다. 다른 한 사람은 크리스천의 더러운 옷을 벗기고 아름다운 옷으로 갈아입혀 주었다(슥 3:4). 마지막 남은 한 사람은 크리스천의 이마에 인을 찍어 주었다. 또한 봉해진 두루마리 하나를 크리스천에게 건네주며 달려가다가 그것을 펴보고, 하늘나라의 문 앞에 이르렀을 때 그 두루마리를 보여 주어야 한다고 했다.

"네 죄 사함을 받았느니라." 예수님을 믿고 영접할 때 우리는 하나님의 자녀가 됩니다. 그것은 신분의 변화를 말합니다. 하나님의 자녀, 곧 영원성을 갖게 된 것입니다.

> 영접하는 자 곧 그 이름을 믿는 자들에게는 하나님의 자녀가 되는 권세를 주셨으니 이는 혈통으로나 육정으로나 사람의 뜻으로 나지 아니하고 오직 하나님께로부터 난 자들이니라(요 1:12-13).

하나님의 자녀가 된 것은 "하나님께로부터 난 자"가 된 것을 말합니다. 존 번연은 이 부분을 스가랴 3장에 나오는 대제사장 여호수아의 환상을 근거로 하여 설명했습니다.

> 여호수아가 더러운 옷을 입고 천사 앞에 서 있는지라 여호와께서 자기 앞에 선 자들에게 명령하사 그 더러운 옷을 벗기라 하시고 또 여호수아에게 이르시되 내가 네 죄악을 제거하여 버렸으니 네게 아름다운 옷을 입히리라 하시기로(슥 3:3-4).

바울은 이것을 "새 사람"이라고 표현했습니다.

> 너희는 유혹의 욕심을 따라 썩어져 가는 구습을 따르는 옛 사람을 벗어버리고 오직 너희의 심령이 새롭게 되어 하나님을 따라 의와 진리의 거룩함으로 지으심을 받은 새 사람을 입으라(엡 4:22-24).

"새 사람", 당연히 심판받지 않는 완전히 새로운 존재가 된 것입니다. 사실 이것은 '죄 사함'의 외적인 표현입니다. 그리고 이어진 일이 이마에 표시를 하는 것과 봉해진 두루마리를 건네는 것이었습니다.

"인을 찍어 주다", 존 번연은 이 부분을 설명할 때 에베소서 말씀을 근거로 했는데, 그것은 곧 성령의 인치심을 가리킵니다.

> 그 안에서 너희도 진리의 말씀 곧 너희의 구원의 복음을 듣고 그 안에서 또한 믿어 약속의 성령으로 인치심을 받았으니(엡 1:13).

우리 눈에는 보이지 않지만 우리는 믿을 때 성령으로 인치심을 받았습니다. 그것은 보호받는다는 말입니다. 시편 121편 말씀대로 말입니다.

> 여호와는 너를 지키시는 이시라 여호와께서 네 오른쪽에서 네 그늘이 되시나니 낮의 해가 너를 상하게 하지 아니하며 밤의 달도 너를 해치지 아니하리로다 여호와께서 너를 지켜 모든 환난을 면하게 하시며 또 네 영혼을 지키시리로다(시 121:5-7).

크리스천이 건네받은 "봉해진 두루마리"는 언약, 곧 하나님의 약속을 상징합니다. 이 놀라운 확증 앞에 크리스천이 흥분하며 좋아하는 것은 당연한 일이었습니다.

크리스천은 기뻐서 껑충껑충 뛰면서 주님을 찬양하며 걸어갔다.

14. 신앙은 내 길을 가는 것이 아니다

_ 천박, 나태, 거만을 만나다(사 53:6)

십자가 앞에서 죄의 짐이 사라지는 경험을 한 크리스천은 매우 큰 기쁨을 누렸습니다. 크리스천은 길 아래까지 내려왔을 때 발목에 쇠고랑을 찬 세 사람을 만납니다.

길에서 조금 떨어진 곳에는 세 명의 남자가 발목에 쇠고랑을 찬 채 깊이 잠들어 있었다. 그들의 이름은 각각 천박, 나태, 거만이었다.

천박(Simple), **나태**(Sloth), **거만**(Presumption)은 전혀 움직일 생각을 하지 않았습니다. 분명 위험한 상황인데 말입니다.

십자가를 만난 후에도

이 상황이 위험한 이유는 그 세 사람 역시 십자가를 경험한 사람들이기 때문입니다. 그들도 죄로 인해 고민하던 시간을 지나 예수 그리스도의 십자가를 경험하고 새로워진 체험을 한 사람들이기 때문입니다.

우리가 예수님을 만나고 십자가를 경험함으로 구원에 이르렀다는 것은, 신분의 변화가 이루어진 것이지 우리의 인격과 성품 그리고 삶의 방식이 바뀐 것은 아닙니다. 오히려 우리 안에 있는 세 가지 경향이 우리의 발목을 잡고 하나님 나라를 향해 계속해서 여정을 나아가는 것을 방해합니다.

그 세 가지 경향은 소위 천박, 나태, 거만의 모습입니다. 간단히 세 부류의 사람을 말하는 것이 아니라 우리 안에 있는 세 가지 경향으로 설명할 수 있을 것 같습니다.

구원의 확신을 가진 자들도 어려움에 노출되어 있는데, 그 첫 번째가 '천박' 혹은 '우매'입니다. 크리스천이 길에서 만난 천박은 이렇게 말합니다.

위험하기는 뭐가 위험하단 말이오.

여기서 말하는 천박은 영어 단어로 'Simple'인데, 긍정적 의미가 아니라 부정적 의미에서의 단순함을 말합니다. 이는 모든 것을 낙관적으로 받아들이는 단순하고 천박한 태도를 가리킵니다. 특히 죄에 대해서 그렇습니다. 사명이나 비전에 관한 생각은 아예 없습니다. 단순하고 천박하며 자신의 죄를 알고도 모르는 체하거나 편하게 생각합니다.

우리 안에 있는 또 다른 모습은 '나태'입니다. 크리스천이 만난 나태는 이렇게 말합니다.

난 조금만 더 자야겠소.

예수님을 믿으면서도 변하지 않는 우리의 모습입니다. '천박'이 사명과 비전에 관한 심각성 없이 쓸데없는 긍정의 태도로 그것을 미루고 내버려 두는 것이라면, '나태'는 게으름을 말합니다. 나태는 자기 이익을 추구하는 자기중심적 태도에서 비롯됩니다. 그저 자기만 편하면 된다는 생각에서 그런 모습이 나오는 것입니다. 나태로 인해 벌어지는 심각한 일은 무엇입니까? 다른 사람을 쉽게 간과하고, 하나님이 허락하신 부르심과 사명까지도 버리는 것입니다.

누가복음 19장에는 어떤 귀인의 이야기가 비유로 나옵니다. 그는 왕위를 받아오려고 먼 나라로 가게 되었는데, 열 명의 종을 불러 한 므나씩 나누어 주면서 그 돈으로 장사하라고 했습니다. 그가 돌아와서 보니 어떤 종은 한 므나로 열 므나를 벌었고, 어떤 종은 다섯 므나를 벌었습니다. 그런데 다른 종은 한 므나를 수건에 싸두었다가 주인에게 그대로 건넸습니다. 그 종은 변명을 늘어놓았으나 그의 행동은 그저 나태일 뿐입니다.

1므나는 100데나리온 정도의 값어치로, 1데나리온은 당시 노동자의 하루 품삯이었습니다. 만약 하루 일당이 10만 원이라면, 천만 원 정도의 돈을 그 종에게 준 것입니다. 주인은 아무것도 하지 않은 종에게서 한 므나를 빼앗아 열 므나를 가진 종에게 건넸습니다. 그런데 그것으로 끝나지 않았습니다. 주인의 다음 행보를 주시할 필요가 있습니다.

그 첫째가 나아와 이르되 주인이여 당신의 한 므나로 열 므나를 남겼나이다 주인이 이르되 잘하였다 착한 종이여 네가 지극히 작은 것에 충성하였으니 열 고을 권세를 차지하라 하고(눅 19:16-17).

놀랍게도 한 므나를 맡긴 것은 더 큰 일을 위한 주인의 계획이었습니다. 아무것도 하지 않은 종은 단순히 한 므나를 잃은 것이 아니라 그에게 주어질 놀라운 계획을 놓친 것입니다. 이 사실이 더 중요합니다. 결국 나태란 거기에서 살다가 거기에서 죽는 것을 말합니다.

그런데 더 심각한 것은 '거만'입니다. 단순하고 무지하고 게으른데 심지어 고집까지 부리는 거만한 자가 이렇게 말합니다.

당신 일이나 걱정하시오. 우리는 상관 말고.

거만하면 이런 말을 좋아합니다. "갈 길이 다르다.", "당신과 나는 다르다.", "그러니까 내 길을 가겠다." 그런데 문제는 한 발자국도 제대로 나가지 못하는 삶을 산다는 것입니다. 그러니 거만한 것입니다.

신앙의 길

신앙은 내 길을 가는 것이 아닙니다. 내 마음대로 사는 것이 아닙니다. 물론 자기만의 독특한 방법을 가질 수는 있습니다. 그러나 그 방향은 반드시 주님이 말씀하시는 목적을 따라야 합니다. 내 마음대로 내 길을 가는 것이 아니라 자기에게 맞는 방법으로 주님의 길을 가야 합니다. 그런데 가끔 주변을 돌아보면 주님의 뜻대로가 아니라 자기 마음대로 살더라도 주님은 무조건 도와주신다고 주장하는 이들이 있습니다. 그것은 옳은 이해가 아닙니다.

하나님은 우리가 우리 마음대로 자기 길을 가는 것을 방임하지 않으셨습니다. 하나님은 각기 제 길로 가는 우리를 위해서 대책을 세우시고 놀라운 일을 행하셨습니다.

> 우리는 다 양 같아서 그릇 행하여 각기 제 길로 갔거늘 여호와께서는 우리 모두의 죄악을 그에게 담당시키셨도다(사 53:6).

『천로역정』의 표현으로 말하자면 주님이 끼어드신 것입니다. 우리는 "당신 일이나 걱정하시오. 우리는 상관 말고."라고 말하고 있는데, 주님이 끼어드신 것입니다.

우리는 십자가를 경험했을지라도, 하나님의 자녀라 할지라도 누가복음 15장의 둘째 아들처럼, 베드로가 세 번 부인한 것처럼 행동할 수 있습니다. 그러므로 신앙이 정체되어서는 안 됩니다. 우리는 신앙의 성숙을 추구해야 합니다. 그래야 신앙이 머물러 있지 않고 진보할 것입니다.

15. 다시는 좁은 길을 선택하지 못할지도 모른다

_ 허례와 위선을 만나다(요 10:1)

천박, 나태, 거만은 다시 누워 잠을 잤고 크리스천은 자기 갈 길로 갔습니다. 그렇지만 크리스천은 아쉽고 불편한 마음이 들었습니다.

크리스천은 그들을 깨워서 위험에 처해 있음을 알려 주고 쇠고랑을 벗도록 도와주겠다고 했는데도 자기의 성의를 달갑지 않게 여기는 그 사람들을 생각하니 마음이 편치 않았다.

바로 그때 멀리 좁은 길 왼쪽 담으로 뛰어넘어 오는 사람들이 있었습니다. 한 사람의 이름은 **허례**(Formalist)였고 다른 한 사람은 **위선**(Hypocrisy)이었습니다. 그들은 **헛된 영광**(Vain-glory)이라는 도시에 사는 사람들이었습니다. 크리스천은 그들에게 물었습니다.

그런데 왜 문이 아닌 담을 넘어 들어오십니까? 문으로 들어가지 아니하고 다른 데로 넘어가는 사람은 절도며 강도요(요 10:1)라는 말씀을 모르십니까?

크리스천의 물음에 그들은 이렇게 대답합니다.

그 문으로 가기까진 너무 멀지요. 그래서 우리 마을 사람들은 보통 지름길을 이용합니다. 지금 우리도 그들처럼 담을 넘어서 온 것입니다.

허례와 위선은 좁은 문을 통과하여 들어오는 것을 일종의 소모전으로 여겼으며, 담을 넘어서 들어온 것은 자기네 마을 사람들이 오랫동안 해온 관습이라고 말합니다. 그러면서 목적지에 이르기만 하면 되는 것이 아니냐고 따집니다.

그들은 천년도 넘게 관습으로 유지되어 왔으므로 공정한 재판관이라면 틀림없이 적법한 것으로 인정할 것이라고 말했다. 또 현재 이곳으로 들어 왔으면 그만이지 어느 길로 들어왔는지 그게 무슨 상관이 있느냐고 하면서 문으로 들어온 당신도 이 길에 서 있고 담으로 넘어 온 우리 또한 이 길에 서 있으니 당신이 지금 우리보다 나을 것이 뭐가 있느냐고 덧붙였다.

그들은 또한 율법이나 행위에 관한 한 자기네들은 크리스천과 마찬가지로 양심적으로 행했기 때문에 크리스천과 다를 바가 없다고 말했습니다. 지금 그들은 분명히 하나님 나라를 향한 길을 걸어가고 있습니다. 다시 말해서 그들은 크리스천이고 교회를 다니며 예수님을 믿고 있습니다. 전혀 문제가 없어 보입니다. 그들은 다만 십자가에 이르는 좁은 문을 택하지 않았을 뿐입니다.

십자가에 이르는 좁은 문은 쉽지 않은 행보이기에 사람들은 쉽고 편한 쪽을 택합니다. 엄밀하게 말해서 쉽고 편한 쪽을 택하는 이유는 자기 연민에서 비롯됩니다. 허례와 위선이 크리스천의 말을 의문시한 것도 바로 그 때문입니다.

그들은 크리스천과 자신들이 결국 같은 길에 들어섰는데 무엇이 문제냐고 질문을 던졌습니다. 얼핏 생각하면 그럴 듯해 보입니다. 분명히 목적이 시온산, 곧 하나님 나라에 이르는 것이지만 그 유익이 바로 자기 자신에게 있다면 문제가 없는 것일 수 있습니다. 내가 잘되는 것이 목적이라면 말입니다.

그들이 생각한 것이 바로 그것이었습니다. 예수님을 믿지만 신앙의 목적이나 방향성은 중요하게 여기지 않고 내가 잘되고 내가 부요해지는 것만을 모든 것의 목적으로 삼는 것입니다. 그래서 신앙생활은 대충 해도 된다고 생각하는 것입니다. 자신들이 정해 놓은 율법과 규범을 따라 행동하면 충분하다고 여기며 목적지에만 이르면 된다고 생각하는 것입니다.

어이없는 마라톤 경기

영국 동북부에서 열린 한 마라톤 대회에 5천여 명의 사람이 참가했습니다. 그런데 그 수많은 참가자 중에서 선두를 달리던 한 명만 완주한 이야기가 신문에 실렸습니다. 그렇다면 다른 참가자들은 어디로 간 것입니까?

마라톤에서 2, 3위를 달리던 선수가 경로에 잘못 들어섰는데, 그 사실을 모른 채 나머지 사람들도 그들을 쫓아갔던 것입니다. 모두 열심히 경기를 했으나 실격 처리되고 말았습니다. 전체 42.195km에서 264m를 덜 달렸기 때문입니다.

참으로 어이없는 일입니다. 그렇다면 어디서부터 잘못된 것입니까? 주최 측은 경로 표시를 제대로 하지 않아 벌어진 문제라며 사과했지만, 1위로 골인한 선수가 제대로 완주한 것을 보면 2, 3위 선수의 잘못을 그냥 덮을 수는 없을 것 같습니다. 그러나 여기서 되짚어 봐야 할 것은 42.195km 중 그들이 뛰지 않은 거리는 264m에 불과했으며 그들도 결승점에 이르렀다는 사실입니다. 그런데 모두 실격 처리되고 말았습니다.

목적지에 이르는 것이 중요합니다. 그러나 신앙에서는 주님의 십자가를 경험하는 좁은 문을 통과하는 것이 그 어떤 것보다 중요합니다. 그렇다면 주님 앞에 나온다는 것, 십자가를 통과한다는 것은 무엇입니까?

> 아무든지 나를 따라오려거든 자기를 부인하고 날마다 제 십자가를 지고 나를 따를 것이니라(눅 9:23).

"자기를 부인하는" 것이란 나를 주장하지 않는 것입니다. 『천로역정』 속 허례와 위선처럼 자기 연민에 빠져서 자기 뜻대로 신앙생활을 하는 것이 아니라, 결국 자신이 져야 할 십자가, 곧 희생, 사명, 헌신으로 사는 것을 말합니다. 나를 위해서만 살지 않고 사명에 초점을 두는 것입니다.

여기서 이런 질문이 생길 수 있습니다. "그래도 이 길을 따라가면 하나님 나라에 이를 수 있지 않습니까? 나름대로 규칙과 법을 지키면서 가면 되지 않겠습니까?" 그럴 수도 있지만 사실 불가능한 일입니다. 습관처럼 살아왔던 그동안의 삶의 방식 때문입니다.

허례와 위선, 크리스천 모두 **고난의 언덕**(The Hill Difficulty) 기슭에 이르렀을 때의 일입니다. 그 언덕에는 세 갈래 길이 나 있었습니다.

허례와 위선도 언덕 기슭에 이르렀다. 언덕은 가파르고 높았으며, 크리스천이 간 길은 좁고 험난해 보였다. 그들은 옆에 넓게 나 있는 두 굽은 길을 택하기로 마음먹었다.

넓은 문인가, 좁은 문인가?

크리스천은 좁고 험난해 보이지만 **고난**(Difficulty)이라는 비탈길을 택해 언덕을 올라가기 시작했습니다. 하지만 허례와 위선은 쉬워 보이는 길을 택했습니다. 한 길의 이름은 **위험**(Danger), 또 다른 길의 이름은 **멸망**(Destruction)이었는데 말입니다. 그들은 매우 중요한 순간마다 관습처럼 살아온 삶의 방법, 곧 자기 연민에 따라 결정합니다. 그래서 결국 목적지인 하나님 나라에 제대로 이를 수 없는 것입니다. 주님이 하신 말씀을 다시 들어 보십시오.

좁은 문으로 들어가라 멸망으로 인도하는 문은 크고 그 길이 넓어 그리로 들어가는 자가 많고 생명으로 인도하는 문은 좁고 길이 협착하여 찾는 자가 적음이라(마 7:13-14).

크리스천은 "좁은 문"을 택하는 자입니다. 자기 연민을 버리고 자신이 드러나지 않더라도 좁은 문으로 가는 사람, 자신이 져야 할 희생과 책임을 기뻐하며 자기 십자가를 지고 가는 사람입니다.

청년의 때에 좁은 문을 포기하는 법을 자주 쓴다면 당장은 좋을지 모르나 점차 『천로역정』의 허례와 위선처럼 넓은 문과 넓은 길, 쉬운 것, 자기를 위한 것만 추구하게 될지 모릅니다. 그때는 정말 큰일 나는 것입니다.

지금부터 매일의 삶 속에서 늘 이렇게 자문해 보십시오. "이것은 넓은 문인가, 좁은 문인가?", "단지 자기 사랑으로 내린 이기적인 결정인가, 아니면 주님과 하나님 나라를 생각하면서 내린 결정인가?", "이 결정이 내가 좇는 사명, 곧 부르심과 관계있는가?"

16. 과장된 실체였다

_ 겁쟁이와 의심쟁이를 만나다(벧전 5:7-10)

　천박, 나태, 거만은 십자가를 경험한 후에도 바뀌지 않은 성품 때문에 더 나아가지 못한 자들이었습니다. 예수님을 만나고 그 십자가를 경험함으로 신분의 변화가 이루어졌지만, 인격과 성품 그리고 삶의 방식이 바뀐 것은 아니었습니다. 그런 이들만 있는 것이 아니었습니다. 아예 십자가의 길, 좁은 문을 통과하지 않고 대충 담을 넘어 하나님 나라로 향하는 자들도 있었습니다. 바로 허례와 위선이었습니다. 그들은 겉으로 보기에는 크리스천 같으나 내면은 매우 이기적인 편의주의자들이었습니다.

겁쟁이와 의심쟁이

　어쨌거나 크리스천은 그들과 달리 좁은 길을 따라 가파른 언덕을 올라갔습니다. 언덕은 갈수록 경사가 심해져 오르기가 쉽지 않았습니다. 크리스천은 언덕 중턱에 있는 정자에 앉아 잠깐 쉬면서 두루마리에 적힌 말씀을 읽다가 이내 깊은 잠에 빠져들었습니다. 시간이 흘러 잠에서 깬 그는 다시 언덕 꼭대기를 향해 올라가기 시작했습니다.

크리스천이 언덕 꼭대기에 이르렀을 때 저쪽에서 크리스천을 향해 달려오는 두 사람이 있었습니다. 한 사람은 **겁쟁이**(Timorous)라는 사람이었고 다른 사람은 **의심쟁이**(Mistrust)라는 사람이었습니다. 길을 되돌아가고 있는 그들에게 크리스천이 말을 걸었습니다.

크리스천 : 이보시오. 잠깐만요. 왜 되돌아오시는 것입니까?
그들은 시온성을 향해 가고 있는데 도저히 무서워서 갈 수가 없어 되돌아가는 길이라고 겁쟁이가 대답했다.
의심쟁이 : 그래요. 조금만 더 가면 사자 두 마리가 물어 삼킬 듯이 버티고 있어요. 길을 가로막고 누워 있는데 잠들어 있는지 깨어 있는지 도무지 알 수가 없어요. 그렇지만 가까이 가면 당장 그 사자들한테 잡아먹힐 것만 같아요.

이 이야기를 들은 크리스천 역시 마음이 편하지는 않았습니다. 더욱이 언덕을 올라오다 쉬었던 정자에 두루마리를 떨어뜨리고 온 까닭에 다시 돌아가야 하는 상황이었습니다.

크리스천은 다행히 정자에서 두루마리를 되찾아 기쁜 마음으로 다시 산꼭대기를 향해 걸어갔습니다. 그러나 산꼭대기에 이르기도 전에 해가 떨어졌습니다. 크리스천은 갑자기 걱정이 들기 시작했습니다. 겁쟁이와 의심쟁이의 이야기가 떠올랐기 때문입니다.

밤에 먹이를 찾아 여기저기를 돌아다니고 있는 굶주린 짐승들과 어둠 속에서 마주치게 된다면 어떻게 싸울 것인지 아니면 어떻게 안전하게 피할 수 있을 것인가를 골몰히 생각하며 다시 한번 자신의 어리석음을 한탄했다.

두려움의 실체

여기서 이런 질문을 던지고 싶지 않습니까? '예수님을 믿으면 좁은 문과 좁은 길, 그리고 고통과 어려움이 다가오는가?' 한번 깊이 생각해 보십시오.

겁쟁이와 의심쟁이 때문에 약간의 두려움을 가지고 길을 걷던 크리스천은 **아름다움이라는 저택**(House Beautiful)을 발견했습니다. 그는 혹시 그 집에서 하룻밤 쉬어 갈 수 있을까 하고 앞으로 걸음을 재촉해 나가다가 사자 두 마리가 길에서 어슬렁거리는 것을 보았습니다. 겁쟁이와 의심쟁이가 말했던 두려움의 대상이 바로 저것이구나 하고 생각했습니다.

크리스천 역시 겁을 잔뜩 먹고 뒷걸음질을 쳤습니다. 그는 사자들 사이로 지나가다가는 죽을지 모른다고 생각하고 앞서 돌아간 두 사람처럼 자기도 돌아가려고 했습니다. 그 순간 문 앞에 있던 **경계**(Watchful)라는 문지기가 크리스천을 향해 소리쳤습니다.

당신은 그렇게도 용기가 없으시오?(막 4:40) 사자들을 무서워할 것 없소. 저 사자들은 사슬에 묶여 있소. 현재의 믿음을 시험해 보고, 믿음이 없는

아름다움이라는 저택으로 가는 길을 막고 있는 사자들

자들을 알아보기 위해 거기 놓여 있는 것이오. 길 한가운데로만 걸어가면 아무런 상처도 입지 않을 거요.

문지기의 말은 사실이었습니다. 크리스천이 조심스럽게 길 한가운데로 걸어가는데 사자들은 으르렁거리기만 할 뿐 그에게 정말 아무런 상처도 입히지 못했습니다. 이것이 바로 겁쟁이와 의심쟁이가 만났던 두려움의 실체였습니다. 즉, 과장된 실체였던 것입니다.

어려움을 당했던 일을 생각해 보십시오. 그 어려움을 이길 수 있었습니까? 다른 사람의 이야기 말고 나 자신이 경험한 일들을 돌아보면서 말해 보십시오. 저는 위암에 걸려 피를 토하며 쓰러진 적이 있습니다. 매우 심각한 상황이었습니다. 그런데 견딜 수 없을 만큼 위기는 아니었습니다. 충분히 이겨 낼 수 있었고, 오히려 유익했던 시간이었습니다.

우리는 어려움을 당하면 보통 피하고 싶어 하고 두려워합니다. 두려워할 것이 아니라는 사실을 잘 모르고 무작정 걱정부터 합니다. 그래서 베드로는 이렇게 권면합니다. 어쩌면 예수님의 뒤를 끝까지 따르지 못했던 일에 대한 후회에서 비롯된 권면일지도 모릅니다. 괜히 겁먹은 것입니다.

> 근신하라 깨어라 너희 대적 마귀가 우는 사자같이 두루 다니며 삼킬 자를 찾나니 (벧전 5:8).

여기서 사자는 으르렁거리며 삼킬 자를 두루 찾아다니지만 『천로역정』에 나오는 묶인 사자와 같습니다. 그래서 베드로가 앞 구절에서 이렇게 말한 것입니다.

너희 염려를 다 주께 맡기라 이는 그가 너희를 돌보심이라(벧전 5:7).

대적하라

이제 우리는 어떻게 해야 합니까? 정신을 바짝 차리고 깨어서 주위를 둘러보고, 만일 악한 마귀가 틈타면 대적해야 합니다.

너희는 믿음을 굳건하게 하여 그를 대적하라 이는 세상에 있는 너희 형제들도 동일한 고난을 당하는 줄을 앎이라(벧전 5:9).

야고보는 아예 좀 더 강력하게 권면했습니다. 마귀를 대적하고 하나님을 가까이하라고 말입니다. 이것은 적극적인 신앙의 모습입니다.

그런즉 너희는 하나님께 복종할지어다 마귀를 대적하라 그리하면 너희를 피하리라 하나님을 가까이하라 그리하면 너희를 가까이하시리라(약 4:7-8).

17. 이것이 교회다

_ 아름다움이라는 저택에 거하다(시 133:1-3)

아름다움이라는 저택에 도착하자 **신중**(Discretion)이라는 아름다운 아가씨가 크리스천을 맞이했습니다. 그리고 **분별**(Prudence)과 **경건**(Piety), **자애**(Charity)라는 아가씨들도 만나게 되었습니다.

아름다운 교회의 모습

아름다움이라는 저택은 교회를 의미하며, 그 저택 안에서 보게 되는 모든 모습은 교회가 가져야 할 모습입니다.

그렇다면 신중, 분별, 경건, 자애는 교회 안에서 만나는 아름다운 성도들의 모습이며 우리의 친구들이라 할 수 있습니다. 주의 깊게 사물을 관찰하도록 돕는 친구, 모든 결정을 할 때 신중할 수 있도록 돕는 친구, 옳고 그른 것이 무엇인지 민감하게 분별하도록 하는 친구, 신앙의 거룩함을 추구하는 경건의 모델이 되는 친구, 그리고 사랑으로 베풀고 나누어 주는 친구를 우리는 만나게 됩니다.

크리스천은 그들과 함께 저녁을 먹으면서 늘 긴장하며 걸어왔던 순례의 길에서 모처럼 마음을 풀고 편한 시간을 갖게 되었습니다. 그들은 크리스천이 그동안 겪었던 경험을 듣고 싶어 했습니다.

크리스천은 처음으로 자신이 살아왔던 삶을 나눌 수 있었습니다. 그는 성경책을 읽으면서 죄의 짐을 깨닫게 된 일, 전도자를 만난 후 진노를 피해 멸망의 도시를 빠져나왔던 일을 이야기했습니다. 빛을 바라보며 질주하다가 고집과 변덕쟁이를 만난 일, 좁은 길을 가던 중에 세상 현자를 만나 세상에서 근사하게 사는 인간적인 삶에 대한 유혹을 받은 일, 해석자의 집에서 겪은 일, 그리고 십자가 앞에서 죄의 짐을 벗은 이야기도 나누었습니다.

그런데 크리스천은 집에 두고 온 가족들에 관한 이야기는 말하기가 힘들었습니다. 같이 멸망의 도시를 떠나기 원했지만 아무도 심각성을 느끼지 못하고 반대하여, 결국 혼자 떠나야 했던 일을 이야기할 때는 울먹일 수밖에 없었습니다.

자매들은 크리스천의 이야기를 각자 자신의 관점에서 듣고 반응하며 크리스천에게 질문을 던지기도 하고 그를 격려하기도 했습니다.

나는 꿈속에서 크리스천과 저택의 식구들이 모여 앉아 저녁이 준비될 때까지 이야기를 나누고 있는 것을 보았다. 식사 준비가 다 되자 사람들은 모두 저녁을 먹으려고 앉았다. 식탁 위에는 기름진 음식들과 알맞게 익은

분별, 경건, 자애가 크리스천에게 질문을 하고 있다

포도주가 차려져 있었다. 그들은 저녁을 먹으면서 언덕의 주인에 대해 많은 이야기를 나누었다. 그분이 무슨 일을 하셨는지, 왜 그런 일들을 하셨는지, 왜 그 집을 지으셨는지에 관한 이야기였다. 그들의 이야기를 듣고 나는 언덕의 주인은 사망의 권세를 가진 자와 싸워 승리한 아주 훌륭한 용사였으며(히 2:14-15), 그분 자신도 커다란 위험을 겪었다는 것을 알게 되었고 또한 그분을 더욱더 사랑하게 되었다.

정말 아름다운 교회의 모습이 아닐 수 없습니다. 세상과 싸우며 걸어왔던 이야기를 나누고 서로 격려하며 축복하는 곳, 함께 웃고 떠들며 사랑하는 곳, 결국 예수 그리스도 이야기로 하나님의 계획을 나누고 감사하며 다시 준비하는 곳, 교회는 그런 곳이어야 합니다.

아름다운 성도의 교제

물론 저택에서 무조건 긍정적인 이야기만 한 것은 아닙니다. 예를 들어, 자애는 크리스천에게 왜 가족들을 데리고 나오지 않았는지, 그냥 남아 있으면 얼마나 위험한지 다시 알려 주어야 하지 않았냐고 묻습니다. 그렇게 자매들은 크리스천에게 적절한 조언과 충고를 해주면서 그가 올바른 편딘을 하도록 도와주었습니다.

그런데 모든 대화의 초점은 예수 그리스도, 그리고 그분이 주시는 평안에 대한 것이었습니다. 크리스천은 그들과 함께 밤늦게까지 대화를 나누었습니다. 그러고는 모두 주님이 보호해 주시길 기도하고 나서 잠을 자러 각자 방으로 들어갔습니다.

크리스천이 묵은 방의 이름은 **평강**(Peace)이었습니다. 그는 아침이 밝아 올 때까지 그 방에서 편히 잠을 잤고, 일어나서 노래를 불렀습니다.

내가 머물고 있는 지금 여기 이곳이 어디인가.
순례자들을 사랑하시고 아끼시는 예수님이 준비하신
순례자들의 쉼터가 아닌가.
주님께서 이렇게 예비하시고 내 죄 용서하시다니
이미 나는 하늘 문 옆에 살고 있도다.

냉정하게 생각해 보십시오. 오늘 이 자리, 내가 살아왔던 삶이 죄의 삶이라는 것을 알고 겸손하게 자신을 내려놓은 사람들이 모인 곳. 세상을 살면서 힘들고 어려웠던 일을 함께 이야기하고 기도하며 서로 축복하는 곳. 가진 것은 없지만 작고 보잘것없는 것이라도 함께 나누는 곳. 얼마나 좋습니까? 이곳이 교회입니다.

무엇보다 소망이 있고 하나님 나라를 꿈꾸며 순례자의 길을 가고 있다는 것을 잊지 않는 곳. 물질과 세상의 권력, 쾌락에 연연하지 않는 곳. 어떤 때는 격려하고, 어떤 때는 충고와 경책을 하며 함께 걸어가는 곳. 이곳이 교회입니다.

우리는 서로 잘 알지 못합니다. 살아온 과정이 모두 다르기 때문입니다. 하지만 그리스도를 신뢰함으로 함께 걸어가는 것, 그 삶이 얼마나 아름답습니까? 시편 기자는 그 아름다운 삶을 이렇게 표현했습니다.

이다지도 좋을까, 이렇게 즐거울까! 형제들 모두 모여 한데 사는 일! 아론의 머리에서 수염 타고 흐르는, 옷깃으로 흘러내리는 향긋한 기름 같구나. 헤르몬산에서 시온산 줄기를 타고 굽이굽이 내리는 이슬 같구나. 그곳은 야훼께서 복을 내린 곳, 그 복은 영생이로다(시 133:1-3, 공동번역).

18. 혼자 가야 한다
_ 다시 혼자 떠나다(눅 22:59-65)

아침이 되어 모두 일어났습니다. 조금 더 대화를 나눈 후에 저택 식구들은 크리스천이 순례의 길에 다시 오르기 전에 꼭 보여 줄 것이 있다고 했습니다. 그들은 크리스천을 서재로 인도했습니다.

그들이 크리스천에게 가장 먼저 보여 준 것은 언덕 주인의 족보였다. 족보는 주인이 옛적부터 선하셨고 영원부터 계신 분임을 말해 주고 있었다.

저택 식구들은 크리스천에게 주님을 섬겼던 사람들이 했던 일들 가운데 몇 가지를 골라 읽어 주었습니다. 히브리서 11장 33-34절 말씀이었습니다.

그들은 믿음으로 나라들을 정복하고, 정의를 실천하고, 약속된 것을 받고, 사자의 입을 막고, 불의 위력을 꺾고, 칼날을 피하고, 약한 데서 강해지고, 전쟁에서 용맹을 떨치고, 외국 군대를 물리쳤습니다(히 11:33-34, 새번역).

정말 기막힌 이야기입니다. 오늘 이 시대는 믿음으로 산 사람들의 이야기가 필요합니다. 평범하지만 하나님의 사람으로 산 사람들의 이야기 말입니다.

사실 히브리서 말씀에 나온 상황을 오늘 우리가 만날 확률은 낮습니다. 그러나 이렇게는 말할 수 있어야 합니다. 믿음으로 용감하게 도전하고, 불의에 타협하지 않고 하나님의 의를 추구하며, 내게 약속한 말씀과 비전대로 움직이고, 세상이 우리를 유혹하고 흔들리게 하더라도 하나님의 사람으로 바르게 걸어왔다고 말입니다. 오늘 이 시대는 이렇게 산 사람들의 이야기가 필요합니다.

주님이 하신 일

그러나 무엇보다 크리스천을 감동하게 한 것은 바로 주님이 하신 일들에 대한 기록이었습니다.

주님께서 어느 누구라도, 비록 한때 주님의 인격과 행위에 심한 모욕을 주었던 사람일지라도 끝까지 은혜 베푸시기를 원하신다는 그분의 사랑이 나타나 있었다.

이것은 무엇에 관한 이야기일 것 같습니까? 가룟 유다의 일, 예수님이 십자가에서 드리신 기도 등 많은 이야기가 떠오르지만 이 장면에 주목해 보겠습니다.

예수님이 대제사장의 집에서 심문받으실 때였습니다. 예수님을 뒤따라 갔던 베드로가 예수님의 제자라는 사실이 발각되는 상황이 벌어집니다. 그때 베드로는 예수님을 저주까지 하면서 모른다고 부인했습니다.

> 베드로가 저주하며 맹세하되 나는 너희가 말하는 이 사람을 알지 못하노라 하니 닭이 곧 두 번째 울더라(막 14:71-72).

그리고 이어진 베드로의 행동이 마가복음에는 이렇게 기록되어 있습니다.

> 닭이 곧 두 번째 울더라 이에 베드로가 예수께서 자기에게 하신 말씀 곧 닭이 두 번 울기 전에 네가 세 번 나를 부인하리라 하심이 기억되어 그 일을 생각하고 울었더라(막 14:72).

기록은 이것이 끝입니다. 이 내용만 보면 베드로를 동정할 수 있을 것 같습니다. 그런데 누가복음은 이 장면을 좀 더 깊이 기술하고 있습니다. 마가가 기록하지 않은 숨은 장면이 있는 것입니다. 사실 누가복음을 읽어 보면, 예수님을 향한 베드로의 부인, 닭 울음소리, 그리고 베드로의 통곡이 다른 장면과 연결되어 있음을 알 수 있습니다.

> 한 시간쯤 있다가 또 한 사람이 장담하여 이르되 이는 갈릴리 사람이니

참으로 그와 함께 있었느니라 베드로가 이르되 이 사람아 나는 네가 하는 말을 알지 못하노라고 아직 말하고 있을 때에 닭이 곧 울더라 주께서 돌이켜 베드로를 보시니 베드로가 주의 말씀 곧 오늘 닭 울기 전에 네가 세 번 나를 부인하리라 하심이 생각나서 밖에 나가서 심히 통곡하니라 지키는 사람들이 예수를 희롱하고 때리며 그의 눈을 가리고 물어 이르되 선지자 노릇 하라 너를 친 자가 누구냐 하고 이 외에도 많은 말로 욕하더라(눅 22:59-65).

"주께서 돌이켜 베드로를 보시니." 바로 이 장면입니다. 여기서 "돌이켜"로 쓰인 헬라어 단어는 "스트렙호"로, '반대로 돌리다'라는 뜻의 동사입니다. 그런데 수동태로 쓰였습니다. 그러니까 원래 주님은 베드로를 향해 계신 것이 아니었습니다. 그런데 몸을 돌리신 것입니다. 무엇인가가 예수님으로 하여금 몸을 돌리시게 한 것입니다.

왜 돌리신 것입니까? 그렇습니다. 자신을 부인하는 것을 들으신 것입니다. 마가복음의 기록을 보면, 자신을 저주하는 것을 들으신 것입니다. 그리고 그즈음에 닭이 웁니다.

그런데 간과하지 말아야 할 기술이 하나 더 있습니다. "보시니"로 번역된 헬라어 단어는 "엠블레포"로, '관찰하다, 자세히 분별하다, 주목하다'라는 의미입니다. 그런데 능동태로 쓰였습니다. 예수님이 의지적으로 베드로를 바라보셨다는 뜻입니다. 공동번역으로 살펴보면 이러합니다.

베드로의 말이 채 끝나기도 전에 닭이 울었다. 그때에 주께서 몸을 돌려 베드로를 똑바로 바라보셨다. 그제서야 베드로는 "오늘 닭이 울기 전에 나를 세 번 모른다고 할 것이다" 하신 주님의 말씀이 떠올라 밖으로 나가 슬피 울었다(눅 22:60-62, 공동번역).

예수님은 몸을 돌려 베드로를 똑바로 바라보셨습니다. 그런데도 베드로는 통곡 이상의 행동을 하지 않았습니다. 심지어 사람들이 예수님을 조롱하고 때리고 욕설을 퍼부어도 베드로는 아무런 반응을 하지 않았습니다. 이후 베드로의 행적은 주님이 부활하실 때까지 기록되지 않습니다.

그렇다면 그의 눈물과 통곡은 무엇입니까? 그것은 아무것도 아닙니다. 단지 연약함과 비참함의 극치를 의미합니다. 또한 이후 기록이 없다는 것은 그가 숨었다는 것을 말합니다. 베드로는 자기 연민에 빠져 어디론가 숨었을 것입니다. 그때 주님은 홀로 외롭게 그 고난과 수치의 길을 걸어가셨습니다. 더 놀라운 것은 부활하신 후 다시 베드로와 제자들을 만나셨을 때 주님은 베드로를 비난하지 않으셨습니다.

『천로역정』에서 말하는 "주님의 인격과 행위에 심한 모욕을 주었던 사람일지라도 끝까지 은혜 베푸시기를 원하신다는 그분의 사랑"이 바로 이 이야기로 들렸습니다. 사실 이 같은 이야기를 읽는 것만으로도 위로가 됩니다. 크리스천도 마찬가지였을 것입니다. 당연히 주님의 반응 때문입니다. 『천로역정』에도 이렇게 그 반응을 적었습니다.

그것들은 원수들에게는 두렵고 떨리는 것이지만 순례자들에게는 위로와 힘이 되는 것들이었다.

위로의 힘, 생각해 보십시오. 베드로가 정말로 도망치고 사라졌겠습니까? 아마 '멀찍이'가 아니라 '숨어서' 보고 있었을 것입니다.

주님이 십자가를 지고 골고다로 올라가실 때입니다. 이미 헤롯과 빌라도 앞에서 매질을 당한 예수님은 약할 대로 약해지신 상태였습니다. 십자가를 지고 처형장으로 가는 것이 버거운 상황이었습니다. 그때 구레네 사람 시몬을 만나는데, 로마는 예수님께 긍휼을 베풀어 시몬이 대신 그 십자가를 지게 했습니다. 주님도 거절하지 않으신 호의였습니다.

> 그들이 예수를 끌고 갈 때에 시몬이라는 구레네 사람이 시골에서 오는 것을 붙들어 그에게 십자가를 지워 예수를 따르게 하더라(눅 23:26).

거기에는 베드로가 없었습니다. 다른 제자들도 없었습니다. 그 십자가를 대신 질 제자는 없었습니다. 다 사라지고 없었습니다.

부활 후 주님이 나타나셨다는 말은 이것도 용서하시고 품으셨다는 것입니다. 아니, 용서라는 말도 할 필요가 없습니다. 미워하신 적이 없기 때문입니다. 아버지는 둘째 아들, 소위 탕자를 저주하거나 미워하신 적이 없습니다. 그러니 그냥 내가 돌아가기만 하면 되는 것입니다. 그것보다 더 큰 위로가 어디 있겠습니까?

크리스천이 본 것이 그것 아니었겠습니까? 물론 자신의 상황에 맞는 하나님의 위로 말입니다. 이 같은 위로를 받은 후 크리스천은 아름다움이라는 저택을 떠나기 전에 식구들을 따라 병기 창고로 가서 여러 가지 무기를 봅니다. 그리고 아름다운 산지 **임마누엘의 땅**(Immanuel's Land)으로 나아가기 위해 전신 갑주를 취하고 무기로 단단히 무장했습니다. 에베소서 말씀을 인용한 것입니다.

그러므로 하나님의 전신 갑주를 취하라 이는 악한 날에 너희가 능히 대적하고 모든 일을 행한 후에 서기 위함이라 그런즉 서서 진리로 너희 허리 띠를 띠고 의의 호심경을 붙이고 평안의 복음이 준비한 것으로 신을 신고 모든 것 위에 믿음의 방패를 가지고 이로써 능히 악한 자의 모든 불화살을 소멸하고 구원의 투구와 성령의 검 곧 하나님의 말씀을 가지라(엡 6:13-17).

문 있는 곳까지 나온 크리스천은 문지기로부터 벌써 어떤 순례자가 그곳을 지나갔다는 이야기를 듣습니다. 그의 이름은 **믿음**(Faithful)이었습니다. 크리스천은 너무나 반가웠습니다. 한동네 살던 고향 사람이었기 때문입니다. 그를 만나서 같이 여행할 수 있다는 생각에 크리스천은 무척 기뻤습니다.

그렇습니다. 이 세상을 여행할 때 정말 나를 사랑하고 아는 단 한 명의 동행자만 있어도 견딜 수 있습니다. 그가 있다는 것만으로도 행복합니다. 혹시 그런 사람이 곁에 있습니까?

혼자 간다

하지만 잊지 말아야 할 것이 있습니다. 바로 이 여행길의 성격입니다. 존 번연은 그것을 이렇게 설명했습니다.

언덕을 다 내려가자 이 유순한 친구들이 크리스천에게 빵 한 덩어리와 포도주 한 병, 포도 한 송이를 건네주는 것을 보았고 크리스천은 계속해서 순례의 길을 가는 것을 나는 꿈속에서 보았다.

크리스천은 이제부터 혼자 가야 했습니다. '혼자 간다.' 제가 알게 된 비밀입니다. 가족이 있을지라도 이 여행은 혼자 가야 합니다. 주님과 함께 말입니다. 사실 혼자는 외롭습니다. 그렇지만 주님이 우리를 위로하시기에 우리는 그렇게 살아야 합니다. 그것이 신앙입니다.

19. 복종하고 대적하라

_ 겸손의 골짜기에서 아볼루온을 만나다 (약 4:6-10)

믿음의 사람들의 이야기를 듣고, 하나님의 전신 갑주로 무장해 길을 떠난 크리스천은 **겸손의 골짜기**(The Valley of Humiliation)에 들어섰습니다. 얼마 가지 않아 크리스천은 잔혹하기로 악명 높은 **아볼루온**(Apollyon)이란 괴물이 다가오는 것을 보았습니다.

아볼루온과의 싸움

요한계시록을 보면, 다섯 번째 천사가 나팔을 불 때 무저갱, 소위 지옥이 열리면서 엄청난 권세를 받은 메뚜기 떼가 나와 사람들을 공격하는데, 바로 그 무저갱의 왕이 아볼루온입니다. 그런 의미에서 아볼루온은 사단이라고 말할 수 있습니다.

그들에게 왕이 있으니 무저갱의 사자라 히브리어로는 그 이름이 아바돈이요 헬라어로는 그 이름이 아볼루온이더라(계 9:11).

그런데 크리스천이 정말 놀라운 모습을 보입니다.

크리스천은 맞서서 싸우기로 마음먹고 그 자리에 버티고 서 있었다. 그 자리를 지키고 서 있는 것만이 살 수 있는 최선의 방법이라 여겼기 때문이었다.

크리스천은 가장 강력한 적이라 할 수 있는 아볼루온을 대적하기로 택했습니다. 어떻게 이런 일이 가능한 것입니까? 사실 이 놀라운 변화는 교회로 상징되는 아름다움이라는 저택에서 위로를 누리고, 믿음의 사람들의 이야기를 듣고, 전신 갑주를 입었기 때문에 가능한 일입니다.

너희가 주 안에서와 그 힘의 능력으로 강건하여지고 마귀의 간계를 능히 대적하기 위하여 하나님의 전신 갑주를 입으라……그러므로 하나님의 전신 갑주를 취하라 이는 악한 날에 너희가 능히 대적하고 모든 일을 행한 후에 서기 위함이리(엡 6:10-11, 13).

무장이 비밀입니다. 고등학교 시절 태권도를 배우면서 이상한 자신감이 생긴 적이 있습니다. 무장된 자의 자신감이었습니다. 같은 이치입니다. 우리가 열심히 영적인 훈련을 하며 그리스도와 친밀해질수록 우리에게는 영적인 권세가 생깁니다. 놀랍게도 영적 전쟁의 상황에서도 담대해집니다.

아볼루온의 공격은 집요했습니다. 그는 멸망의 도시에서 온 크리스천이 자신의 수하에 있다고 주장했습니다. 그러면서 크리스천이 시온의 나라로 가는 것을 절대 그냥 놔두지 않겠다고 위협했습니다.

하지만 크리스천은 위축되지 않고 맞섰습니다. 이러한 크리스천의 태도에 아볼루온은 다시 돌아온다면 섭섭하지 않게 대우해 주겠다고 회유하기도 했습니다. 하지만 크리스천은 요동하지 않았습니다. 이미 자신을 하나님께 드렸기 때문입니다. 크리스천은 아볼루온을 향해 이렇게 외칩니다.

헛소리 마라! 나는 영원한 하나님의 자녀다! 나는 이미 그분께 내 몸을 바쳤다. 그분은 왕 중의 왕이신데 내가 어찌 너에게 돌아갈 것이라 생각하느냐?

이 놀라운 담대함, 그 모든 것은 전신 갑주의 힘에서 비롯되었습니다. 그런데 아볼루온이 비장의 무기를 꺼냈습니다. 크리스천의 과거를 들추어 내는 것이었습니다. 멸망의 도시를 떠나온 후에도 크리스천이 보였던 낙심의 행동과 게으름, 의심 등 모든 행적을 아볼루온은 다 알고 있었습니다. 하지만 크리스천은 끄떡없었습니다. 그는 아볼루온에게 이렇게 말했습니다.

귀신같은 놈! 그렇다. 네 놈의 말이 모두 사실이다. 사실 네가 이야기한 것 말고도 더 있다. 그러나 너는 모르는구나. 내가 섬기는 존경하는 왕은 자비로우셔서 언제라도 나를 용서해 주신다.

단단히 준비된 크리스천의 승리였습니다. 하지만 그렇게 쉬운 상황이 아니었습니다. 아볼루온이 매우 강력하게 크리스천을 공격하기 시작한 것입니다.

(비통한 표정으로 화가 나서) 나는 너희 왕과는 원수로 너희 왕의 사람과 법과 백성들을 증오한다. 어차피 널 멸하러 왔으니 네 놈을 가루도 없이 죽여 주리라, 각오해라!

아볼루온은 불화살을 쏘아 대며 크리스천을 공격했습니다. 크리스천이 방패로 불화살을 막아 내자, 아볼루온은 여러 개의 창을 우박처럼 퍼부으며 더욱 무섭게 달려들었습니다. 피할 겨를도 없이 크리스천은 머리와 손과 발에 상처를 입었습니다.

반드시 승리하는 이유

아볼루온의 강력한 공격에 수많은 상처를 입은 크리스천은 점점 기운이 떨어져 갔습니다. 아볼루온은 크리스천의 숨이 거의 끊어지도록 그를 짓눌렀습니다. 크리스천은 이제 죽는구나 싶었습니다.

그렇게 크리스천을 완전히 끝장내려고 아볼루온이 마지막으로 주먹을 휘두르려 하는 순간, 마치 하나님이 도와주신 것처럼 크리스천은 다시 칼을 잡고 아볼루온을 공격해 치명적인 상처를 입힙니다. 이 과정에서 크리스천은 놀라운 것을 깨닫고 선포합니다.

이 모든 일에 우리를 사랑하시는 이로 말미암아 우리가 넉넉히 이기느니라(롬 8:37).

존 번연은 그 이후의 장면을 이렇게 정리했습니다.

이제 크리스천이 반격하려고 하자 아볼루온은 용의 날개를 펴서 부리나케 멀리 달아나 버렸다. 크리스천은 더 이상 다시는 그를 보지 못했다(약 4:7).

참 놀라운 이야기입니다. 그런데 존 번연은 아볼루온이 떠나는 장면을 쓰면서 거기에 야고보서 4장 7절을 표기했습니다.

너희는 하나님께 복종할지어다 마귀를 대적하라 그리하면 너희를 피하리라(약 4:7).

일반적으로 우리는 마귀를 대적하면 그가 우리를 피하리라고 생각합니다. 이것은 옳지만 틀린 이야기일 수 있습니다. 그 앞 구절 "하나님께 복종할지어다"를 놓치면 말입니다.

여기서 "복종하다"로 쓰인 헬라어 "휘포탓소"의 대표적 의미는 '종속하다'입니다. 과거 수동태로 표현된 이 단어의 의미는 '종속되었다'입니다. 즉, 하나님의 통제권 안에 있는 존재라는 말입니다. 그러므로 크리스천이 혼자 열심히 싸우고 있던 상황에도 크리스천은 절대 혼자 있었던 것이 아닙니다. 하나님이 성령을 통해 함께하고 계셨고, 크리스천이 스스로 이기

마귀 아볼루온을 이길 수 있게 하신 하나님께 감사의 찬송과 기도를 드리는 크리스천

기 힘들 때마다 결정적으로 개입해 이기게 하신 것입니다. 그것이 본질입니다. 그래서 "넉넉히 이기는" 것입니다.

우리는 교회를 통해 영적인 공급을 받습니다. 매일 말씀과 기도로 무장하고 준비된 전신 갑주를 입은 우리는 세상을 향해 나아갑니다. 그런 우리를 사단은 집요하게 공격합니다. 하지만 우리는 만만한 존재가 아닙니다. 이미 말씀과 기도로 무장된 우리는 당당하게 싸울 수 있습니다. 물론 지칠 수도 있지만 걱정할 필요가 없습니다. 주님이 언제나 우리 곁에 계실 뿐 아니라 우리를 도우시며 개입하시기 때문입니다. 그래서 우리는 언제나 넉넉히 승리할 수밖에 없습니다.

그런데 놀라운 것은 그곳이 겸손의 골짜기였다는 사실입니다. 아볼루온의 공격을 이기는 비결은 바로 복종, 종속이었습니다. 그것이 곧 겸손입니다. 겸손, 순종, 복종, 종속은 우리가 살아가는 날 동안 절대 잊지 말아야 할 영적 전쟁의 태도이자 크리스천의 윤리입니다. 그러므로 하나님의 말씀을 듣고 기도하지만 말씀에 순복하고 청종하지 않으면 스스로 무장 해제하는 것과 다름없습니다. 이것이 바로 패배하는 크리스천이 되는 이유입니다.

20. 누군가 앞서가는 이가 있다
_ 사망의 음침한 골짜기를 지나가다 (히 12:1-2)

겸손의 골짜기를 지나면서 치렀던 아볼루온과의 싸움에서 크리스천도 상처를 입었습니다. 하지만 하나님이 보내신 사자가 생명나무 잎사귀를 주었고 그것을 상처에 붙이는 순간 다 나았습니다.

어찌해 볼 도리가 없을 때

겸손의 골짜기를 벗어나자 또 다른 협곡 **사망의 음침한 골짜기**(The Valley of the Shadow of Death)가 나타났습니다. 그곳은 아볼루온과 같이 거대한 공격을 해오는 존재가 있지는 않지만 부정과 불안, 처참함과 위협이 지배하는 곳이었습니다.

크리스천은 그 입구에서 두 남자를 만납니다. 그들은 가나안 땅에 대해 부정적인 보고를 한 정탐꾼들의 후손으로, 조상들처럼 끝까지 가지 못하고 도중에 지레 겁먹은 채 되돌아가는 중이었습니다.

크리스천 : 무슨 일을 겪으셨습니까?
남자들 : 말도 마십시오. 죽을 뻔했소. 우리가 계속 걸어갔다면 벌써 죽었을 것이오. 다행히도 그 사망의 음침한 골짜기에 막 들어서려는데 우리 앞에 놓인 위험을 보게 된 겁니다(시 44:19; 107:10).

무엇을 보았냐고 크리스천이 묻자 두 남자는 길을 다 가보지도, 경험하지도 않았는데 이렇게 대답했습니다.

그 골짜기 자체가 구덩이처럼 깜깜했어요. 그 구덩이 속에는 이상한 괴물과 용들이 있었어요. 뿐만 아니라 귀신 웃음소리, 야수의 부르짖음, 악을 쓰는 비명 소리까지 들려왔어요. 그 비명 소리는 말할 수 없이 참담한 고통 속에 갇혀 쇠사슬에 묶인 채 괴로워하는 사람들의 외침과도 같았어요. 절망과 어지러움의 구름이 깔려 있는 데다 죽음의 그림자가 언제나 골짜기 위에서 날갯짓하고 있지요. 한마디로 말해 구석구석 온통 무시무시함과 괴로움이 뒤섞여 질서라고는 찾아볼 수 없는 공포와 혼란의 도가니 그 자체입니다(욥 3:5; 10:22).

이것은 시편 23편에 나오는 "사망의 음침한 골짜기"를 표현한 것입니다. 사망의 음침한 골짜기는 실제적인 위협이 있다기보다는 이미 죽은 자들의 망령처럼 부정적인 기운과 이유 없는 침체가 분위기를 지배하는 곳이었습니다. 게다가 골짜기 한가운데쯤 되는 곳, 길 바로 옆에는 지옥이 입을 벌리고 있었습니다.

> 지옥에선 이따금 무시무시한 소리를 내면서 불꽃과 연기가 번쩍이며 엄청나게 쏟아져 나오곤 했다. 그런 것들은 전에 아볼루온과 싸울 때처럼 크리스천이 가지고 있는 칼로 무찌를 수 있는 것들이 아니었다.

이것은 사실 가장 위험한 상황입니다. 인간의 어떤 노력으로도 피할 수 없는 절망적이고 부정적인 상황, 그 어떤 에너지도 느낄 수 없는 무기력함과 부조리한 반항의 기운이 지배하는 상황이기 때문입니다. 단순히 주변의 음침함이 아니라 내면에 도사리고 있는 음침함과 마주하는 상황이었던 것입니다.

'어찌해 볼 도리가 없다!' 많은 크리스천이 고백하는 문제입니다. 순교를 요구할 만큼의 싸움보다 지금의 상황이 더욱 위험한 상태입니다. 그동안 내가 해왔던 그 어떤 신앙적 노력으로도 되지 않는 상황임을 알게 됩니다. 그때 우리는 어떻게 해야 합니까? 존 번연은 그때 할 수 있는 일을 이렇게 적었습니다.

> 그런 것들은 전에 아볼루온과 싸울 때처럼 크리스천이 가지고 있는 칼로 무찌를 수 있는 것들이 아니었다. 크리스천은 칼을 칼집에 집어넣고서 다른 병기를 써야만 했다. 그것은 모든 병기 중의 병기, 기도(엡 6:18)였다.

계속해서 가던 길을 가기로 하다

존 번연은 기도와 관련하여 에베소서 6장 18절을 표기했습니다.

모든 기도와 간구를 하되 항상 성령 안에서 기도하고 이를 위하여 깨어 구하기를 항상 힘쓰며 여러 성도를 위하여 구하라(엡 6:18).

크리스천은 "모든 병기 중의 병기", 즉 모든 기도와 간구를 했습니다. 이렇게 기도하며 그는 상당히 오랫동안 걸어갔습니다. 걸어가는 도중에도 불길은 여전히 크리스천을 삼키려고 혀를 널름거렸습니다. 문제가 해결되지 않은 것입니다. 해결점도 보이지 않았습니다. 하지만 크리스천은 담대하게 소리치며 걸어갔습니다.

크리스천은 계속해서 가던 길을 가기로 마음먹었다. 마귀들이 점점 더 가까이 다가와 바로 자기 옆까지 왔다고 생각되면 그는 목이 터져라 소리를 질렀다. "나는 주 하나님의 능력으로 걸어가리라."

그때마다 마귀들이 물러간 것처럼 보였지만 아니었습니다. 오히려 마귀는 더 가까이에서 속삭였습니다. 도무지 이해할 수 없었습니다.

악한 무리 중 하나가 뒤에서 크리스천에게 살그머니 다가가 하나님을 마구 욕하며 그의 귀에 속삭였다. 크리스천은 그 더러운 말이 꼭 자기 마음속에서 나오는 것 같았다. 이것은 이제껏 겪었던 어떤 일보다 크리스천을

사망의 음침한 골짜기를 통과하는 크리스천

더욱더 괴롭게 한 것이었다. 자신이 그토록 사랑했던 하나님을 지금 모독하는 것이 아닌가 하는 생각으로 크리스천은 괴로웠다. 크리스천은 그 소리를 피하지도 못했고, 자신의 귀를 틀어막거나 그런 지독한 말들이 어디서 나오는가 알아보려 할 만큼 판단도 서지 않았다.

정말 정직한 이야기입니다. 우리 삶은 실제로 이렇습니다. 기도와 말씀의 힘을 잃고 이길 수 없을 만큼 큰 무기력에 빠질 때가 있습니다. 그렇지만 앞에서 읽은 것처럼 "계속해서 가던 길을 가기로 마음먹어야" 합니다.

그런데 이렇게 마음먹고 나아갔던 크리스천이 절망적인 상황에서 불안함을 극복하지 못하고 꽤 오랫동안 헤맸습니다. 그러다가 자신보다 앞서 간 이의 목소리를 듣습니다. 그 내용은 시편 23편에 기초한 고백이었습니다.

"내가 사망의 음침한 골짜기로 다닐지라도 해를 두려워하지 않을 것은 주께서 나와 함께하심이라"(시 23:4).

그때 놀라운 일이 벌어졌습니다. 이 목소리를 들은 크리스천이 뛸 듯이 기뻐한 것입니다. 그 이유는 자신과 똑같은 두려움을 가졌지만 그것을 극복하며 앞서간 사람이 있다는 사실 때문이었습니다. 그리고 믿는 자들과 함께하셨던 하나님이 자기와도 함께하신다는 사실을 다시 한번 깨닫게 되었기 때문입니다.

앞서가는 사람

'누군가 앞서가는 사람이 있다.' 놀라운 위로입니다. 그래서 믿음의 사람들이 필요한 것입니다. 직접 주님으로 사는 사람들 말입니다.

밤에 어두운 길을 다녀본 적이 있을 것입니다. 그때 누군가가 앞에 가고 있다는 사실을 알면 얼마나 안심이 되겠습니까? 더욱이 그가 내가 아는 사람이라면 얼마나 신나겠습니까?

큐티와 기도, 예배를 통해 큰 은혜를 누리며 살아가지만 그것 역시 무너질 때가 있습니다. 바로 그때 우리보다 앞서 걸어가고 있는 신앙의 선배가 있다는 사실이 큰 위로가 됩니다. 정말로 그렇습니다. 히브리서 기자가 그 사실을 이렇게 적었습니다.

> 이러므로 우리에게 구름같이 둘러싼 허다한 증인들이 있으니 모든 무거운 것과 얽매이기 쉬운 죄를 벗어 버리고 인내로써 우리 앞에 당한 경주를 하며 믿음의 주요 또 온전하게 하시는 이인 예수를 바라보자(히 12:1-2).

잘 읽어 보면 알겠지만 이 엄청나게 외롭고 어려운 경주를 하게 되는 힘과 주님을 바라보며 길 수 있는 힘이 나오는 중요한 요소를 히브리서 기자는 "허다한 증인들"이라고 말하고 있습니다. 그들을 보고 힘을 얻었다는 말입니다.

그렇다면 오늘날 교회의 위기는 어디에 있습니까? 앞에 가고 있는 믿음의 선배들이 슬그머니 사라지고 있다는 데 있습니다. 내 앞에 걸어가고 있는 사람이 없습니다. 그것이 문제입니다. 내 바로 앞에, 내가 만나고 내가 본받을 수 있는 사람이 없다는 것입니다.

'교회의 위기는 리더의 부재와 관계있다.' 그러므로 증인, 곧 믿음의 사람이 되기를 꿈꾸며 살아야 합니다. 무슨 대단한 존재가 아닐지라도, 주님의 말씀을 좇으며 묵묵히 끝까지 신앙 여정을 가는 것만으로도 그 사람은 충분히 리더입니다.

크리스천은 소망을 갖게 되었습니다. 앞서가는 순례자들을 따라잡아 곧 그들과 함께 가게 되리라는 소망이었습니다. 같은 꿈을 꾸며 믿음의 경주를 하는 사람들을 만난다는 것이 얼마나 좋겠습니까? 얼마나 설레겠습니까? 이루 말로 형용할 수 없을 것입니다.

크리스천은 이미 화석이 되어 버린 기독교의 상징 **교황**(Pope)을 만나기도 하고, 또 다른 세속적 가르침의 화신 **이교도**(Pagan)를 만나기도 하지만 별로 흔들리지 않았습니다. 자신보다 앞서간 사람이 있었기 때문입니다. 그를 만나고 싶은 열망이 크리스천을 행복하게 한 것입니다.

시편 23편을 읽으며 이 장을 마치겠습니다.

여호와는 나의 목자시니 내게 부족함이 없으리로다 그가 나를 푸른 풀밭에 누이시며 쉴 만한 물가로 인도하시는도다 내 영혼을 소생시키시고 자기 이름을 위하여 의의 길로 인도하시는도다 내가 사망의 음침한 골짜기로 다닐지라도 해를 두려워하지 않을 것은 주께서 나와 함께하심이라 주의 지팡이와 막대기가 나를 안위하시나이다 주께서 내 원수의 목전에서 내게 상을 차려 주시고 기름을 내 머리에 부으셨으니 내 잔이 넘치나이다 내 평생에 선하심과 인자하심이 반드시 나를 따르리니 내가 여호와의 집에 영원히 살리로다(시 23:1-6).

21. '나중 된 자가 먼저 되고'의 의미
_ 그토록 만나고 싶었던 믿음을 만나다(눅 13:30)

사망의 음침한 골짜기를 지난 후 크리스천은 그렇게 만나고 싶었던 믿음을 만납니다. 그리고 두 사람은 멸망의 도시를 빠져나와 여기까지 오는 동안 겪은 일들을 나누며 걷기 시작합니다. 정말 행복한 동행이었습니다.

두 사람은 순례길을 오는 동안 각자 겪은 모든 일들을 재미있게 주고받으며 아주 다정하게 걸어가고 있었나. 크리스천이 이야기를 시작했다.
크리스천 : 주님의 인도로 믿음 씨와 동행하게 된 것을 주님께 감사드립니다.

두 사람은 어깨를 나란히 하고 마치 형제처럼 다정하게 걸으며 이야기를 나누었습니다. 이것이 공동체, 교회의 모습이어야 합니다. 하나님 나라를 향해 가는, 방향성이 분명한 사람을 만나, 살면서 만났던 위기와 그것을 극복했던 이야기를 나누며 서로에게 힘이 되어 주는 것, 이것이 공동체의 모습이어야 합니다. 마음이 잘 맞는 이들을 만나는 것은 정말 행복한 일입니다. 그렇지 않습니까?

놀라운 사실

크리스천이 믿음과 동행하며 대화를 나누던 중 놀라운 사실을 발견했습니다. 그것은 믿음이 멸망의 도시를 떠난 이유가 크리스천 때문이라는 것이었습니다.

크리스천이 장차 멸망할 도시의 심각성을 알고 떠났을 때 많은 사람이 그를 비아냥거렸습니다. 하지만 믿음은 크리스천의 굳은 믿음과 결단을 보고 쫓아온 것입니다. 분명히 사망의 음침한 골짜기에서 크리스천은 앞서가는 자, 믿음 때문에 용기를 얻고 걸어온 것인데, 알고 보니 믿음이 크리스천을 따라 순례의 길을 떠났다는 사실이었습니다. 믿음을 간절히 만나고 싶어 했던 크리스천의 열망보다 크리스천과 함께하고 싶어 했던 믿음의 열망이 더 컸던 것입니다.

> 믿음 : 사랑하는 친구여, 나는 마을에 있을 때부터 당신과 함께 가기를 몹시 바랐으나 당신이 먼저 떠났기 때문에 이렇게 먼 길을 혼자 올 수밖에 없었습니다.

앞서 있다는 사실이 중요한 것이 아닙니다. 앞에 있든 뒤에 있든 순례의

교만하여 넘어진 크리스천을 일으켜 주고 있는 믿음

길을 간다는 것이 중요합니다. 조금 앞서 있다고 해서 반드시 앞선 것이 아니며, 뒤처져 있다고 해서 반드시 뒤처진 것이 아닙니다. 중요한 것은 그가 무엇을 향해서 가고 있는가입니다.

보라 나중 된 자로서 먼저 될 자도 있고 먼저 된 자로서 나중 될 자도 있느니라 하시더라(눅 13:30).

여기서 우리가 알아야 할 매우 중요한 사실이 있습니다. 여전히 설명할 이론도 없고, 체계도 없는 그 무모한 도전에 영향을 받는 사람들이 있다는 것입니다. 믿음이 크리스천의 행동에 도전받아 멸망의 도시를 빠져나온 것처럼 말입니다.

사실 목사로서 고백할 게 있습니다. 그것은 나의 선생이 누구인가 하는 것입니다. 나의 선생은 진정성을 가지고 예배자로, 헌신자로, 기도자로 사는 분들입니다. 새벽에도 자기 자리를 지키며 열심히 기도하는 분들, 작은 일이라도 진정성을 가지고 최선을 다해 일하는 분들, 그분들을 보면 경외심이 들 정도입니다. 그분들이 제 곁에 있다는 것은 상상할 수 없을 정도로 행복한 일입니다. 저는 앞서가는 사람도, 더 나은 사람도 아니기 때문입니다.

두 사람은 순례길을 걸어오면서 겪었던 일을 나누기 시작했습니다. 주로 크리스천이 믿음에게 질문을 던졌습니다. 믿음은 크리스천과 다른 삶을 살았지만 그가 겪었던 신앙의 어려움은 크리스천과 비슷했습니다. 그런데 특히 믿음을 가장 위태롭게 했던 사람은 **음란**(Wanton)이라는 여자였습니다. 믿음이 가장 누리고 싶었던 것이 음란이었던 것입니다.

음란과의 만남에 이어 시험은 계속되었습니다. 믿음은 **곤고산**(Difficulty) 중턱에서 **첫 사람 아담**(Adam the First)이라는 사람을 만났습니다. 그에게는 **육신의 정욕**(The Lust of Flesh), **안목의 정욕**(The Lust of Eyes), **이생의 자랑**(The Pride of Life)이라는 세 딸이 있었습니다.

그는 믿음에게 **많은 쾌락거리**(Many Delights)를 제안하며 그 자신의 상속자가 될 것을 요청했습니다. 또한 그의 딸과 결혼도 시켜 주겠다고 했습니다. 그 같은 제안에 잠시 흔들렸지만 믿음은 이 길을 계속 걸어온 것이었습니다.

쉬어 가야 하는데

늦게 출발한 믿음이 어떻게 해서 크리스천을 앞서가게 되었는지는 그들의 대화에서 알 수 있습니다. 크리스천이 교회를 상징하는 아름다움이라는 저택에 있는 동안 믿음은 그곳을 지나쳤던 것입니다.

크리스천은 그 사실을 못내 아쉬워했습니다. 우리에게는 교회가 필요합니다. 서로 격려하고 힘을 내게 하고 일어설 수 있도록 돕는 공동체 말입니다. 믿음이 있다 할지라도 그 믿음을 지키기가 쉽지 않기 때문입니다.

음란과 첫 사람 아담에 이어 믿음이 만난 사람은 엄격한 율법을 강요하는 모세였습니다. 율법이란 자신을 향한 잣대와 같은 것이었습니다. 그래서 믿음의 내면에는 불만이 들어섰습니다. 즉, 그를 지배한 또 다른 사람, **불만**(Discontent)을 만난 것입니다. 믿음은 불만을 비롯해 **교만**(Pride), **오만**(Arrogancy), **자기기만**(Self-conceit), **세상 영광**(Worldly Glory)과 같은 그의 친구들과 의절해야 했습니다. 물론 믿음은 그 상황을 잘 이겨냈지만, 여전히 약간은 흔들리고 있었습니다. 마지막으로 그를 강력하게 흔들었던 사람은 **수치**(Shame)였습니다.

이 모든 것이 믿음이란 이름의 또 다른 크리스천을 무너뜨리는 시험입니다. 음란, 세상 쾌락, 불만, 교만, 오만, 자기기만, 세상 영광, 그리고 수치까지 말입니다. 믿음은 크리스천처럼 아볼루온을 만나지 않았지만 나름대로 또 다른 형태의 아볼루온을 만난 것입니다.

그래도 감사한 것은 살면서 겪었던 일들을 함께 이야기할 형제자매가 있다는 사실입니다. 삶에 대해 자유롭게 깊이 있는 나눔을 할 수 있는 사람이 존재한다는 사실만으로도 좋은 것은 당연한 일입니다.

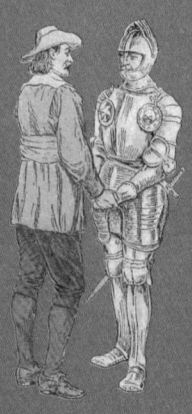

Part 3.

고통이 있지만
그 길을 걸어가다

22. 말뿐인 신앙이 위험하다

_ 수다쟁이를 만나다(약 2:14-26)

　크리스천과 믿음은 함께 행복한 순례 여행을 하고 있었습니다. 그러다 믿음이 홀로 길을 걷고 있는 이를 보았습니다. 그는 **수다쟁이**(Talkative)라는 사람이었는데, 멀리서 보기에 키가 크고 어딘지 모르게 훌륭한 사람처럼 보였습니다.

　믿음이 볼 때 수다쟁이는 매력적인 사람이었습니다. 매우 풍부한 지식을 가진 데다가 그 또한 거룩한 나라를 향해 가고 있었습니다. 그는 특히 하나님의 일, 선한 일에 관해 이야기하는 것을 무척 좋아했습니다.

　수다쟁이의 말은 거침없고 매우 명쾌했습니다. 수다쟁이의 말을 들으면서 믿음은 속이 다 후련하기까지 했습니다. 수다쟁이는 무슨 주제든지 같이 이야기하자고 했습니다.

당신이 하고 싶은 얘기라면 무슨 얘기든 좋소. 하늘나라에 관한 이야기나 이 세상에 관한 이야기, 도덕적인 것과 복음적인 것, 거룩한 것과 하나님을 모독하는 것, 지난 일이나 앞으로 올 일, 이방 이야기나 우리 이야기, 좀 더 근본적인 것과 부수적인 것 등등 우리에게 도움이 되는 이야기라면 다 해봅시다.

믿음은 크리스천에게 이 기막힌 사람을 소개했습니다. 참으로 대단한 친구를 만났다고 속삭이면서 말입니다. 하지만 믿음은 수다쟁이에게 속은 것이었습니다. 다행히 크리스천은 수다쟁이를 잘 알고 있었습니다.

그 사람은 달변(Say-well)이란 사람의 아들로 입씨름을 일삼음(Prating-row)이라는 거리에 살고 있는데 사람들 모두 그를 "입씨름을 일삼음"이라는 거리의 수다쟁이로 알고 있죠. 말은 잘하지만 보잘것없는 사람입니다. ……그는 지금 당신과 이야기하듯 아무하고나 무슨 말이든 하길 좋아하기 때문에 술좌석에 앉아서도 지껄일 겁니다. 술이 들어갈수록 말은 입에서 점점 더 많아지지요. 저 사람은 입술로만 종교인이지 행동으로는 세상 사람들보다 더 악한 자입니다. 혀에는 거짓말뿐이기 때문에 그 사람의 종교란 그것으로 더욱 시끄러운 소리를 낼 뿐입니다.

말로만 믿는 사람들

어느 날 순댓국 가게에서 밥을 먹고 있는데, 어떤 사람이 교회의 잘못과 대형교회의 문제점을 지적하면서 자신이 다니는 교회의 목사와 교인들을 비난하고 있었습니다. 심지어 함께 이야기하는 상대방의 신앙에 대해서도 충고하고 있었습니다. 그는 대화 도중 바닥에 침을 뱉기까지 했고, 테이블에는 벌써 다 마신 소주병이 몇 병이 있었습니다.

이러한 행동은 주변 사람들에게 아무런 도움이 되지 않습니다. 신앙에 좋은 영향을 끼치지 못합니다. 주변의 듣는 이들은 말하는 사람을 신뢰하든 신뢰하지 않든 비판적인 발언을 받아들이게 됩니다. 그리고 그 말들을 자신들이 믿지 않는 이유나 교회를 비난하는 이유의 근거로 삼습니다.

그러므로 이 시대 교회의 가장 큰 적은 오랜 신앙생활로 수많은 지식이 있어 의로운 것처럼 위장하고 수없이 많은 말을 하는 자들입니다. 믿음이 만난 수다쟁이처럼 말입니다.

그렇다면 어떻게 해야 합니까? 갑자기 믿음은 궁금해졌습니다. 그에 대한 크리스천의 처방은 매우 지혜로웠습니다. 그것은 '능력과 행동'에 대한 것이었습니다.

저 사람에게 가서 신앙의 힘에 관해 진지한 대화를 나누십시오. 그러고 나서, 그가 응해 주면(틀림없이 그 사람은 그럴 테니까) 말하기 좋아하는 저 사람과 대화하다가 자신의 신앙이 그 사람의 행위와 일치하는지를 분명하게 물어보십시오.

믿음은 이러한 충고를 듣고 수다쟁이와 대화하던 중 매우 치명적인 질문을 던졌습니다. 우리가 우리 자신에게 물어야 할 질문이기도 합니다.

당신은 혹시 혀로만 신앙생활을 하지는 않나요? 당신이 하는 말들을 잘

실천하면서 사시나요? 그리고 제가 이야기한 것들을 직접 경험해 보셨나요? 제가 이야기한 변화와 역사들이 당신의 생활 속에서도 나타나던가요? 하나님 앞에서와 당신의 양심에 거리낌 없는 진실한 말로 나의 질문에 한번 대답해 보세요.

우리에게 부족한 것은 말이나 지식이 아니라 행위입니다. 사실 지식의 끝은 행위를 포함한 지식입니다. 바울은 이런 기도를 했습니다.

내가 기도하노라 너희 사랑을 지식과 모든 총명으로 점점 더 풍성하게 하사(빌 1:9).

And this I pray, that your love may abound still more and more in real knowledge and all discernment,(Philippians 1:9, NASB)

And this is my prayer: that your love may abound more and more in knowledge and depth of insight,(Philippians 1:9, NIV)

바울은 빌립보교회가 가지고 있는 사랑에 지식이 더해질 것을 구합니다. 무지한 사랑이 아니라 냉철한 지식을 가진 사랑을 말했습니다.

그렇다면 어떤 지식이 더해져야 한다는 말입니까? 여기에 쓰인 "지식"이란 단어는 헬라어로 "에피그노시스"입니다. 단순한 지식을 의미하는 "그노시스" 앞에 강조를 나타내는 접두사 "에피"가 붙은 것입니다. 이것을 영어로 번역하면 "full knowledge"가 됩니다. NASB는 이 단어를 "real knowledge"로 번역했습니다. 말씀을 정리하면 개역성경의 "지식"은 "완전한 지식"으로 달리 번역할 수 있는데, 단순한 지식이라는 기본적인 것 위에 새로운 것이 덧붙여졌음을 알 수 있습니다.

단순한 지식, 그것은 이성적으로 알게 되는 지식입니다. 하지만 "에피그노시스"는 그 같은 이성적인 지식 위에 경험이 더해짐으로 얻게 되는 지식입니다. 그러므로 이렇게 정리할 수 있습니다.

첫째, 이성적으로 예수님을 알아야 합니다. 우리는 하나님이 나를 사랑하신다는 것을 말씀을 통해 배웁니다. 이것이 우리가 첫 번째로 가져야 할 지식입니다. 그런데 단순히 성경 공부를 통해서 배운 사랑이라는 지식은 이상하게 강하지가 않습니다. 언제나 여기에 머물러서 문제입니다.

우리의 지식이 더욱 견고한 지식이 되기 위해서는 경험이라는 차원이 함께 있어야 합니다. 이것이 우리의 사랑을 더 깊게 하는 두 번째 차원의 지식입니다. 경험된 지식이 필요하다는 말입니다. 아이들은 커가면서 어머니의 사랑을 지적으로, 경험적으로 알아갑니다. 이것이 에피그노시스적인 지식입니다. 그리고 더욱더 많은 경험을 하면서 성숙해져 갑니다. 내가 가진 사랑도 깊어져 갑니다. 그래서 어느 날부터는 마냥 어리광만 떨던 아이가 어머니 일을 도우려고 합니다. 사랑을 경험하면서 아이의 지식이 성숙한 지식, 곧 경험된 지식으로 발전하자 그렇게 반응하게 된 것입니다. 경험이 많을수록 우리의 신앙은 깊은 차원으로 들어가게 되는 것입니다.

우리도 마찬가지입니다. 처음에 우리는 말씀에 대한 지식을 갖습니다. 그리고 성령을 통해 예수 그리스도를 인격적으로 만납니다. 그때 비로소 예수님에 대한 완전한 지식(full knowledge), 곧 흔들리지 않는 지식과 경험을 갖게 되는 것입니다.

그렇지만 그러한 온전한 지식을 가졌음에도 불구하고 우리는 온전한 행동에 이르지 못하는 자신을 발견합니다. 심지어 어떨 때는 마치 신앙이 없는 사람처럼 행동합니다. 매번 무너지고 쓰러집니다. 지식과 경험으로 무장된 완전한 지식을 가진 것처럼 보여도 이상하게 온전하지가 않습니다.

왜 그렇습니까? 두말할 것도 없이 다 알고 있는 것처럼 보이지만 아직도 모르는 것이 있다는 뜻입니다. 예를 들어, 아이가 어머니의 사랑을 받으면서 초등학생, 중학생이 되었다고 합시다. 이제 아이는 어머니의 사랑을 지적으로, 경험적으로 충분히 잘 알고 있습니다. 그런데 여전히 철없는 행동을 반복합니다. 아직도 다 알고 있지 못하다는 것을 증명하는 셈입니다. 아직도 모자란 것이 있다는 말입니다.

그렇다면 이 아이의 문제점은 무엇입니까? 동일하게 우리의 문제점은 무엇입니까? 아이는 완전한 지식을 가지고 있기는 하지만 무엇인가 결핍된 지식을 가진 것입니다. 우리도 마찬가지입니다. 여기에서 우리는 지식의 세 번째 차원이 있음을 알아야 합니다. 바울은 그것이 빌립보교회의 사랑에 더해질 것을 기도하고 있는데, 바로 "모든 총명"입니다. "모든 총명"으로 번역된 헬라어 원문은 "파세 아이스데시스"입니다. 영어로 직역하면 "all perception"이 됩니다. 공동번역에서는 "분별력"으로, 표준새번역에서는 "모든 통찰력"으로 번역되었습니다. 다 적절한 해석이지만 저는 "완전한 깨달음"이 원래 단어 의미를 정확히 살린 해석이라고 생각합니다. 따라서 NIV의 번역인 "depth of insight", 즉 "깊이 있는 꿰뚫음"이 가장 적절한 번역이라고 생각합니다.

이제 아이가 초등학교, 중고등학교를 거쳐 청년이 되었다고 합시다. 아이는 어머니의 사랑에 대한 완전한 지식을 확실하게 가지고 있습니다. 하지만 여전히 완전하지 못합니다. 시간이 가면서 지식과 경험이 더욱 깊어지기는 했지만 행동으로 옮기는 데는 아직도 연약할 뿐입니다. 아직도 무엇인가 부족하기 때문입니다.

우리도 마찬가지입니다. 말씀을 통해 주님을 분명히 알고, 성령을 통해 주님을 경험하며 삶 속에서 깨닫기도 하지만 아직도 온전한 사랑을 못 이룬 것과 똑같다고 할 수 있습니다. 그런데 어느 날 깨닫습니다. 그것이 완전한 깨달음(all perception)입니다. 즉, 청년이 된 아이가 결혼해서 자녀를 낳아 키우다가 그 자녀를 결혼시키는 어느 날, 아이는 우리 어머니들이 했던 것처럼 펑펑 울 것입니다. 왜 우는 것입니까? 알았기 때문입니다. 설명할 수 없는 깨달음이 찾아온 것입니다. 그것이 바로 완전한 깨달음입니다. 이제야 다 큰 것입니다.

어떻게 깨달은 것입니까? 그 시점이 언제입니까? 이렇게 물어볼 수 있지만 정답은 없습니다. 어느 날 갑자기 새가 정원으로 날아오듯이 깨달음이 찾아온 것입니다. 이제 비로소 성장한 것입니다. 그 결과 죄를 지을 것인가 말 것인가 그렇게 괴로워하던 일은 사치스럽고 어리석은 고민이 될 뿐이며, 매우 자연스럽게 견고한 모습으로 살아가게 될 것입니다. 바울의 기도처럼 "그리스도의 날까지"(빌 1:10) 걸어가게 될 것입니다. 드디어 하나님의 온전한 자녀가 된 것입니다.

내가 기도하노라 너희 사랑을 지식과 모든 총명으로 점점 더 풍성하게 하사 너희로 지극히 선한 것을 분별하며 또 진실하여 허물없이 그리스도의 날까지 이르고 예수 그리스도로 말미암아 의의 열매가 가득하여 하나님의 영광과 찬송이 되기를 원하노라(빌 1:9-11).

그러므로 중요한 것은 사는 것, 곧 크리스천으로 사는 것입니다. 예배자로 사는 것이 중요한 것입니다. 행동은 믿음을 만드는 강력한 요소이기 때문입니다. 그래서 아예 야고보는 이렇게 말했습니다.

이로 보건대 사람이 행함으로 의롭다 하심을 받고 믿음으로만은 아니니라(약 2:24).

이 말의 의미를 알기 위해서는 앞 절을 읽어 볼 필요가 있습니다.

네가 보거니와 믿음이 그의 행함과 함께 일하고 행함으로 믿음이 온전하게 되었느니라(약 2:22).

우리는 여기서 "믿음이 그의 행함과 함께 일하고"에 주의를 기울여야 합니다. 우선 야고보는 믿음과 행함이 함께 일하는 부분을 강조하고 있습니다. 야고보가 행위를 강조한 것도 믿음과 행위의 불가분한 관계성을 강조하기 위함임을 알 수 있습니다. 그 긴장 관계로 우리를 이끌려고 한 것입니다.

사실 우리의 신앙은 매우 위험한 유혹에 시달리고 있습니다. 우리는 은근히 행위와 관계없는 믿음의 절대성만을 강조하고 싶어 합니다. 우리의 행위가 보잘것없기 때문입니다. 하지만 행위를 염두에 두지 않고 은혜에만 초점을 맞춰 믿음을 강조한다면 본회퍼가 지적한 것처럼 "값싼 은혜"라는 위험에 처할 수밖에 없습니다.

그렇다고 야고보가 행위만을 강조한 것은 아닙니다. 행위는 믿음 안에서만 움직일 뿐입니다. 이 말은 우리의 어떤 행위도 우리의 믿음을 대신할 수 없다는 뜻입니다. 사실 우리가 아무리 열심히 일해도 우리의 행위라는 것이 온전할 수는 없습니다. 우리는 언제나 믿음의 유일성, 하나님의 은혜에 의존해야 합니다. 그러므로 믿음과 행위는 이율배반적으로 보이지만 상호 협동적임을 알 수 있습니다.

22절 말씀을 다시 정리하면 이렇게 될 것입니다. "하나님의 은혜 안에서 예수님을 믿는 믿음은 하나님의 자녀로 살아가고자 하는 행위로 나타나고, 그같이 하나님의 자녀로 살아가고자 하는 실제적 행위는 우리의 믿음을 온전한 믿음으로 만든다."

존 오웬은 22절 말씀을 이렇게 정리합니다. "믿음만으로 구원을 이루지만 구원을 이루는 믿음은 결코 홀로 존재할 수 없다. 믿음은 그 자신의 행함을 통하여 완성된다." 참 적절한 해석입니다.

믿음이 온전하게 되는 것

야고보가 행위를 강조하고 있어서 믿음을 소홀히 한 것처럼 보이지만, 사실 야고보가 강조하는 바도 믿음입니다. 그 최종 목표는 믿음이 온전하게 되는 것입니다(약 2:22).

여기서 아브라함 이야기를 덧붙여 보겠습니다. 창세기 15장에서 아브라함은 믿음으로 의롭다 하심을 받습니다. 하지만 그는 아내 리브가를 누이로 속여 자신의 목숨을 구명하는 등 또다시 많은 실수를 저지릅니다. 그렇다고 해서 믿음으로 인한 의가 무너지는 것은 아닙니다. 야고보의 표현대로 말하자면 온전치 못한 모습일 뿐입니다. 그런데 시간이 지나면서 아브라함은 많은 경험과 훈련을 통해 결국 온전한 모습에 이르게 됩니다. 성경은 기막히게도 하나님이 아브라함을 "하나님의 벗"(약 2:23; 대하 20:7; 사 41:8)으로 부르고 계심을 기록하고 있습니다.

야고보는 아브라함이 모리아산에서 이삭을 바친 사건을 다시 의롭다 하심을 받은 것으로 표현하고 있지만, 그것은 단순히 칭의 이상의 것이라고 말하지 않을 수 없습니다. 여전히 아브라함의 믿음과 행위가 독자적인 의미에서 구원에 이를 수 없음이 틀림없지만, 하나님은 더 이상 그것을 칭의라는 용어에 묶어 두지 않으시고 아브라함을 "벗"으로 높여서 부르고 계십니다. 이것이 우리 믿음의 목표이기도 합니다.

야고보는 바로 이것을 말하고 싶었던 것입니다. 매일 행위 없이 믿음과 하나님의 은혜에만 기대는 신앙, 그리고 변화 없는 삶이 얼마나 비참한지 경고하고자 한 것입니다. "한 번만 더…….", "마음은 간절히 원하지만…….", "이번만 용서해 주세요.", "다시는 안 그럴게요." 우리는 이런 말들을 수없이 반복하곤 합니다. 야고보는 이런 유아기적 삶을 단호하게 단절하라는 뜻에서 행위를 강조한 것입니다.

행함으로 믿음이 온전하게 된다

이제는 우리에게 행위나 믿음이 논쟁의 중심이 되어서는 안 됩니다. 중심은 "행동"으로 이어져야 합니다. 참 하나님의 사람, 하나님이 벗이라고 부를 만한 사람이 되기 위하여, 그 은혜에 부응하는 삶을 살기 위하여 몸부림치는 것이 필요할 뿐입니다. 이것을 야고보는 강조하고 있는 것입니다. 그래서 무게 중심을 "행위"에 두는 것입니다. "행함으로 믿음이 온전하게 되었느니라"(약 2:22).

실제로 우리의 믿음은 행함으로 성장합니다. 그것이 바로 훈련입니다. "그대로 자유롭게 예수님을 믿으십시오." 하고 내버려 두지 않고 어떨 때는 사생활을 침해하는 듯한 요청을 하는 것은, 우리가 죄성과 연약함 때문에 홀로 자발적으로 믿음과 행위의 깊이에 이르지 못하기 때문입니다. 교회를 떠나 혼자 신앙생활을 한다거나, 자기 마음대로 행동하는 믿음을 가지려고 하는 이유는 단지 이런 요청이 귀찮아서, 훈련이 싫어서가 아닙니다. 우리 자신이 그렇게 견고하지 않기 때문입니다. 그래서 아무리 삶이 지치고 힘들고 피곤해도 신앙으로 살기를 요청하는 것입니다. 우리의 목표는 편안하고 넉넉하게 사는 것이 아니라 구속함 받은 하나님의 자녀로 당당히 사는 것입니다. 그래서 행함을 강조하고 있는 것입니다.

야고보는 이 논지의 마지막을 기생 라합 이야기로 정리하면서 그 중요성을 강조하기 위해 아예 자신을 향해, 그리고 그렇게 살고 싶은 믿음의 사람들을 향해 쐐기를 박듯이 말합니다.

영혼 없는 몸이 죽은 것같이 행함이 없는 믿음은 죽은 것이니라(약 2:26).

사실 야고보는 하고 싶은 말이 더 있었을 것입니다. 가능하다면 다른 어떤 말을 덧붙여서라도 더욱더 강조하고 싶었을 것입니다. 그냥 제 임의대로 야고보가 말하고 싶었을 것 같은 문장을 26절에 덧붙여 보겠습니다.

행하자 행하자 행하자 행하자 행하자 행하자 행하자 행하자 행하자 행하자 행하자 행하자 행하자 행하자 행하자 행하자 행하자 행하자……

23. 고통 없는 순례길이 있겠는가

_ 허영의 시장에 들어서다 (딤후 3:1-5)

크리스천과 믿음은 긴 광야를 지나오면서 수다쟁이를 만나 믿음이 순간 흔들리기도 했지만 서로 의지하며 순례의 길을 잘 걸어왔습니다. 거친 들판을 막 벗어나려고 할 때 그들은 자신들을 따라온 전도자를 만납니다. 서로 그동안의 여정을 나누는 중에 전도자가 매우 중요한 이야기를 했습니다.

아직도 갈 길은 멀고 험합니다. 아직도 사단의 손길이 미치는 곳에서 벗어나지 못했단 말입니다. 당신들 앞에는 아직도 피 흘리며 죄와 싸워야 할 것이 남아 있기 때문입니다. 많은 환난과 고통을 이기며 가야 할 것입니다. 하늘나라가 항상 당신들 앞에 있으니, 보이지 않는 것들을 굳게 믿으십시오. 세상의 세속적인 것들을 마음에 두거나 탐욕에 걸려 넘어지지 않도록 조심하십시오. 욕심은 그 어떤 것보다 거짓되며 매우 악한 것이기 때문입니다.

이어서 전도자는 이렇게 이야기했습니다.

형제님들, 당신들은 "하나님 나라에 들어가려면 많은 환난을 겪어야" 하며, 가는 곳마다 얽매임과 고통이 당신들을 따라다닌다는 복음의 진리 말씀을 들어왔소. 그렇기 때문에 그러한 곤고산을 통과하지 않고 다른 방법으로 순례의 길을 오랫동안 갈 수 있으리라 기대하지는 마시오.

세상이 고통스럽다면

'고통이 기다리고 있다! 고통을 당한다!' 참 두려운 이야기입니다. 쉽지 않은 일입니다. 그런데 사실 얽매임으로 표현되는 고통은 없습니다. 그런 의미에서 어렵지 않다고 할 수 있습니다.

전도자의 권면을 듣고 난 후 크리스천과 믿음이 도착한 곳은 **허영**(Vanity)이라는 도시였습니다. 그곳에서는 **허영의 시장**(Vanity Fair)이라는 큰 장이 1년 내내 열리고 있었습니다. 이 시장은 약 5천 년 전쯤, 바알세불과 아볼루온과 레기온과 그들을 따르는 무리들이, 하늘 도성으로 가는 순례자들이 허영의 도시를 지난다는 것을 알고 음모를 꾸며 세운 곳입니다. 이곳에서는 1년 365일 하루도 쉬지 않고 헛되고 무가치한 물건들만 팔았습니다. 그 물건들은 이러한 것들이었습니다.

집, 토지, 명당자리, 건물, 명예, 높은 호칭들, 관직, 나라, 왕국, 탐욕, 즐거움, 온갖 쾌락들 곧 매춘부나 아내나 남편, 아이들, 주인, 종, 목숨, 피, 몸, 영혼, 은, 금, 진주를 비롯한 각종 보석들이었다.

하지만 크리스천과 믿음에게 이런 것들은 쓸데없는 것일 뿐이었습니다. 이 같은 태도를 보이는 크리스천과 믿음을 허영의 도시 사람들은 이상한 눈빛으로 쳐다보았습니다. 그 세상에 있다는 것만으로 고통이 시작된 것입니다.

여기서 우리는 이렇게 자문해 봐야 합니다. 크리스천과 믿음이 무가치하다고 평가한 이 물건들이 실제로 오늘 나에게도 무가치한가? 실제로 쓸데없고 헛된 것인가? 오히려 이것들을 추구하며 살지는 않는가? 아니, 이것들을 이루게 해달라고 하나님께 구하지는 않는가?

그리고 혹시 이런 일들이 고통스럽게 여겨지는지 생각해 보십시오. 세상에서 위치가 높아지는 것이 고통이 되는가? 많은 집과 땅을 소유하는 부요함이 고통이 되는가? 명예와 직위를 중요시하는 것이 고통이 되는가? 정욕과 쾌락을 추구하는 세상 구조가 고통이 되는가? 그런 유혹에 시달리는 나의 모습이 고통스러운가? 아내나 남편, 아이들, 오로지 내 가족만 바라보는 협소한 시각이 부끄럽고 고통스러운가? 금은으로 상징되는 돈에 매몰된 나의 모습이 부끄러운가?

고통이 당연하다

이 같은 것들이 부끄럽고 고통스러운 일이 된다면 정말 훌륭한 크리스천임이 틀림없습니다. 바울도 디모데에게 보낸 편지에서 같은 이야기를 했습니다.

> 너는 이것을 알라 말세에 고통하는 때가 이르러 사람들이 자기를 사랑하며 돈을 사랑하며 자랑하며 교만하며 비방하며 부모를 거역하며 감사하지 아니하며 거룩하지 아니하며 무정하며 원통함을 풀지 아니하며 모함하며 절제하지 못하며 사나우며 선한 것을 좋아하지 아니하며 배신하며 조급하며 자만하며 쾌락을 사랑하기를 하나님 사랑하는 것보다 더하며 경건의 모양은 있으나 경건의 능력은 부인하니 이 같은 자들에게서 네가 돌아서라(딤후 3:1-5).

왜 고통스러운 것입니까? 이러한 것들을 기독교인들조차 추구하기 때문입니다. "경건의 모양", 곧 예배를 드리는 신앙인의 모습을 하지만 이러한 것들을 하나님보다 더 사랑하기 때문입니다.

『천로역정』의 표현에 의하면 이미 우리 교회, 크리스천, 수많은 신앙인이 세상을 사는 동안 고통스러워야 합니다. 왜냐하면 위의 내용이 오늘 이 세상을 지배하고 있는 가치이며, 언급한 것처럼 그것들을 이루기 위해 예수님을 믿는 경우도 많기 때문입니다. 이미 왜곡된 기독교, 왜곡된 크리스천의 모습이 진실이기 때문입니다.

그런데 우리는 이 같은 것들로 인해 고민하거나 고통당하지 않습니다. 그러니 우리 역시 왜곡되었거나 변질된 것입니다. 그렇지 않습니까? 조심스럽게 이 모든 것을 저 자신의 모습에 대입해 보았습니다. 한 가지는 분명했습니다. 만일 이런 것들을 추구하는 삶을 살아야 했다면 매우 고통스러웠을 것입니다. 돈을 써서라도 명예를 얻고자 했다면 부끄러웠을 것입니다. 부와 즐거움을 누리며 사는 것이 삶의 목적이었다면 정말 부끄러웠을 것입니다.

그런데 지금 이 세상은 이러한 것들을 추구하는 삶이 옳은 것인 양, 축복받은 것인 양 가르치다 못해 심지어 강요하기까지 합니다. 이것이야말로 최고의 고통 아닙니까?

가난하지만 열심히 살아가려고 노력하는 사람들에게는 복을 빌어 주고 싶습니다. 하지만 충분히 부요하고 충분히 영광을 얻은 사람들에게는 그 복을 나눠 주라고 말하고 싶습니다. 그런데 지금 이 세상은 그렇지 않습니다. 그러니 고통스러운 세상임이 틀림없습니다. 이미 바알세불, 아볼루온, 마귀들이 다스리는 허영의 시장에 우리가 들어서 있는 것입니다.

잊지 마십시오. 고통이 시작된 것입니다. 고통으로 느껴지는 것이 옳은 것입니다.

너는 이것을 알라 말세에 고통하는 때가 이르러(딤후 3:1).

24. 다른 존재였기 때문이다

_ 허영의 시장, 세상이 소란해지다 (행 19:17-29)

온전한 크리스천, 하나님의 사람으로 사는 것은 고통을 당하는 일입니다. 그런데 여기서 알아야 할 것은 그 고통이 크리스천에게만 있는 것이 아니라는 사실입니다. 세상 역시 고통을 받을 수밖에 없습니다.

세상이 난리가 나다

드디어 믿음과 크리스천이 허영의 시장으로 들어섰을 때였습니다. 세상이라는 허영의 시장에서는 사람들을 유혹하기 위해 수없이 많은 물건을 늘어놓고 팔고 있었습니다. 어떤 사람이든 눈이 휘둥그레져 유혹받기 쉬운 것들이었습니다. 그 세상의 중심부로 두 순례자가 걸어 들어갔습니다. 그런데 발을 들여놓기가 무섭게 시장 안은 난리가 났습니다.

두 순례자는 허영의 시장을 지나고 있었다. 그들이 시장에 겨우 들어섰을 때, 시장 안은 떠들썩해졌다. 두 순례자에 관해 왁자지껄 말이 많았던 것이다.

'난리가 나다!' 왜 난리가 났습니까? 세상도 고통받았기 때문입니다. 그들이 존재하는 것만으로도 쓰라렸던 것입니다.

바울이 활동하던 당시 에베소는 대단히 큰 도시였습니다. 그 도시의 사람들은 다산(多産)과 풍요의 상징인 아데미 여신을 섬기고 있었습니다. 그런데 그곳에 바울 일행이 오자 갑자기 이상한 기류가 벌어졌습니다. 여러 사람이 바울과 크리스천들의 영향 때문에 아데미를 떠나기 시작한 것입니다. 이 상황에 가장 민감하게 반응한 사람들은 은으로 아데미 신상을 만들어 팔던 데메드리오라는 은장색과 은장색 조합 사람들이었습니다(행 19:23-24). 그들은 심각한 위기의식을 느껴 시위를 꾸미기 시작했습니다. 지배적인 종교와 문화가 바울 일행에게 여지없이 영향을 받은 것입니다. 견딜 수 없이 고통스러웠던 것입니다.

이런 이유로 데메드리오는 다른 동업자들과 함께 에베소 사람들을 선동했습니다. 그런데 놀랍게도 순식간에 군중들이 시위에 참여했습니다. 그들은 바울의 제자 중에 마게도냐 사람 가이오와 아리스다고를 붙잡아 약 2만 5천 명을 수용할 수 있는 연극장에서 기세등등하게 시위를 벌였습니다.

한 가지 이야기를 더 소개하겠습니다. 바울 일행이 마게도냐의 첫 성 빌립보를 떠나서 암비볼리, 아볼로니아를 지나 데살로니가에 이르렀을 때였습니다. 그곳에서 바울은 늘 하던 대로 회당에서 말씀을 가르쳤습니다. 바울의 가르침에 적지 않은 사람들이 바울과 실라를 따랐습니다. 따른다는 것은 그동안의 질서를 깨는 것을 의미했습니다. 그래서 유대인들이 이 상황을 좌시하고만 있을 수 없었습니다.

유대인들이 바울을 잡으려다 실패하고 다른 일행인 야손과 몇 명의 형제들을 도시의 읍장들 앞으로 끌고 갔을 때였습니다. 그들이 야손 일행을 반역죄로 데리고 오면서 소리치던 말이 의미가 있습니다.

천하를 어지럽게 하던 이 사람들이 여기도 이르매(행 17:6).

'천하를 어지럽게 하다!' 정말 놀라운 표현이 아닐 수 없습니다. 그렇다면 왜 이런 일이 벌어진 것입니까? 왜 세상이 시끄러워지는 것입니까? 그들과 삶의 방식이 다른 존재가 나타났기 때문입니다.

다른 존재였기 때문이다

허영의 시장에서 시장 사람들이 믿음과 크리스천에게서 본 바가 바로 그런 것이었습니다. 그렇다면 구체적으로 어떤 점이 달랐습니까?

존 번연은 세 가지로 표현했습니다.

첫째로, 두 순례자는 그 시장에서 파는 옷과는 전혀 다른 모양의 옷을 입고 있었다. 그래서 두 사람은 모든 지나가는 시장 사람들의 이목을 집중시켰던 것이다. 순례자들을 천박한 촌놈이라고 놀리는 사람도 있었고 미치광이라고 하는 사람도 있었으며 이방 사람들로 보는 이들도 있었다(욥 12:4; 고전 4:9).

둘째로, 겉모습을 보고 놀랐듯이 사람들은 또한 순례자들이 하는 말을 듣고도 놀랐다. 순례자들은 가나안 말을 했는데 거기서 장사를 하는 사람들은 이 세상에 속한 사람들로서 시장 어디서나 두 순례자들을 야만인처럼 보았다(고전 2:7-8).

셋째로, 무엇보다도 시장 사람들의 관심을 끌었던 것은 이 두 순례자들이 시장 물건을 하찮게 여겼던 것이다. 두 순례자는 그 많은 물건들에 눈길 한번 보내지 않았던 것이다.

가장 중요한 것은 두 순례자가 사람들이 열광하는 세상을 바라보는 태도였습니다. 그것이 시장 사람들을 더욱 당황스럽게 만들었습니다. 다른 삶, 다른 태도가 사람들을 짜증스럽고 헷갈리게 한 것입니다. 당연한 일 아닙니까?

결혼 후 지금은 다른 교회를 다니는 한 자매가 있는데, 그 자매는 초등학교 선생님이었습니다. 그런데 그 자매가 다니는 학교에서 촌지 문제가 대두되었고 촌지를 거절한 그 자매 때문에 학교가 시끄러워졌습니다. 그런 태도가 일상적으로 촌지를 받던 다른 선생님들을 짜증스럽게 한 것입니다. 그 자매의 존재가 그 세상을 힘들게 한 것입니다.

'짜증스럽고 헷갈리게 만들다!' 이것은 매우 당연한 일입니다. 그런데 어느 날부터인가 교회가 다른 의미에서 짜증나고 헷갈리는 존재로 변해 버렸습니다. 세상과 다를 바 없는 의미 없는 존재, 맛을 잃은 소금과 같은 존재가 된 것입니다. 그 순간 세상은 교회를 하찮게 여기기 시작했습니다.

그러나 믿음과 크리스천은 세상과 분명히 달랐습니다. 그들은 거기 있는 것만으로 세상을 불편하게 만들었습니다. 그래서 심각한 문제가 발생

허영의 시장

했습니다. 믿음이 순교를 당하는 상황에 이르게 한 사건이 벌어진 것입니다. 믿음과 크리스천이 허영의 시장에서 진리를 사길 원했던 일이 바로 그 발단이었습니다.

> 두 순례자의 모양새를 보게 된 한 사람이 마침 비꼬아 "무엇을 사시렵니까?" 하고 물었다. 순례자들은 엄숙하게 그 사람들을 바라보면서 "우리는 진리를 삽니다"(잠 23:23) 하고 말했다.

이것은 세상, 곧 허영의 시장에 속한 사람들에게 진리를 적용하는 일이었습니다. 그렇기에 결국 격렬한 반대에 부딪히고 맙니다.

> 그 말에 순례자들은 더욱더 사람들의 비웃음을 사게 되었다. 비웃는 사람, 욕을 하는 사람, 꾸짖듯 나무라는 사람들이 있었으며, 그들을 때리려고 사람들을 불러 모으는 이들도 있었다. 결국 큰 소동이 난 것처럼 아주 떠들썩해져서 혼란스럽게 되었다.

믿음과 크리스천은 체포되어 재판장으로 끌려갔습니다. 재판관의 이름은 **선을 미워함**(Lord Hate-good), 증인들의 이름은 **질투**(Envy), **미신**(Superstition), **아첨**(Pickthank)이었습니다. 재판에 참여한 배심원들의 이름은 **눈먼이**(Mr. Blind-man), **선이 없음**(Mr. No-good), **악의**(Mr. Malice), **호색**(Mr. Love-lust), **방탕**(Mr. Live-loose), **완고**(Mr. Heady), **교만**(Mr. High-mind), **적의**(Mr. Enmity), **거짓말쟁이**(Mr. Liar), **잔인**(Mr. Cruelty), **빛을 미워함**(Mr. Hate-light), **무자비**(Mr. Implacable)였습니다.

결국 믿음은 모함과 음모로 가득한 재판장에서 배심원들에 의해 유죄 판결을 받습니다. 그리고 세상의 군중들은 믿음을 참혹한 죽음에 이르게 했습니다.

그들은 먼저 채찍으로 치고 주먹으로 때리고 칼로 믿음의 살가죽에 상처를 냈으며 돌로 치고 가지고 있던 커다란 칼로 찔렀다. 그리고 결국에는 믿음을 말뚝에 묶어 태워 죽였다. 믿음은 이렇게 죽음을 맞이했다.

참 끔찍한 기록입니다. 다르다는 것, 진리를 말한다는 것은 분명 이런 저항을 만나게 할 것입니다. 그런데 이 장면을 읽을 때 이상하게 믿음이 부러웠습니다. 두 가지 점에서 그렇습니다.

첫째는 이 엄청난 세상에서 자신의 길을 지키고 진리를 추구하며 살았다는 점에서 그렇습니다. 둘째는 그 어떤 불이익도, 심지어 목숨까지도 아까워하지 않았던 용기 때문입니다. 그래서 부럽고 한편으로는 부끄러웠습니다. 사소한 일에 얽매여 살아가고 있는 것 같아서, 진리를 추구하는 데 단호함이 부족한 것 같아서입니다.

여러분은 어떤 마음이 드십니까?

25. 분명하게 거절하라
_ 두 마음과의 동행을 거절하다 (왕상 18:21)

비록 믿음은 순교했지만 집행 유예를 받고 있던 크리스천은 허영의 시장에서 도망쳐 나올 수 있었습니다. 그런데 그곳을 빠져나온 사람은 크리스천만이 아니었습니다. **소망**(Hopeful)이라는 사람도 있었습니다. 새로운 동행자였습니다.

소망은 먼저 크리스천에게 다가와 의형제를 맺고 그와 같이 동행하겠다고 했다.

두 마음의 정체

크리스천과 소망이 허영의 시장을 빠져나와 걷는 중에 한 사람을 만나

소망과의 동행

는데 그의 이름은 **두 마음**(By-ends)이었습니다. 두 마음은 자기 이름을 밝히지 않은 채 자기는 **감언이설**(Fair Speech)이라는 마을에 사는 사람인데 지금은 하나님 나라로 가는 중이라고 말했습니다.

크리스천이 두 마음에게 이름이 어떻게 되는지 물었으나 그는 한사코 자기 이름을 밝히지 않으면서 두 순례자와 동행하는 길동무가 되었으면 좋겠다고 말합니다. 그래도 크리스천이 궁금해하자 그는 자신의 친척이기도 한 감언이설 마을 사람들을 소개합니다. 그 친척들은 이런 이들이었습니다.

> 두 마음 : 마을 사람 거의 다 내 친척이라 해도 과언이 아니죠. ……돌아섬 경(Lord Turn-about)과 기회주의자 경(Lord Time-server)과 교언 경(Lord Fair-speech)…… 남의 기분을 잘 맞춤(Mr. Smooth) 씨나 두 얼굴(Mr. Face-both-ways) 씨나 아무것이나(Mr. Anything) 씨…… 우리 교구의 목사로 계시는 속임수(Mr. Two-tongues) 씨도 계신데 그는 나의 어머니와는 남매랍니다. ……

크리스천 : 결혼은 하셨습니까?

> 두 마음 : 예, 아주 현숙하고 품위 있는 겉치레(Lady Feigning)라는 부인의 딸과 결혼했지요.

뭔가 이상했습니다. 크리스천이 볼 때 그들은 분명 신앙인임이 틀림없었습니다. 더욱이 집안에 목사님도 계신 것을 보면 뼈 있는 신앙의 집안 같았습니다. 그런데 이상한 것은 허영의 시장에서 순교한 믿음과는 분명히 다른 이들이라는 사실이었습니다. 두 마음은 신앙에 있어서 자신의 태도를 이렇게 설명했습니다.

사실 우리는 엄격하게 종교 생활을 하는 사람들과는 다소 다른 점이 있지요. 첫째 우리는 시대적인 흐름이나 생각에 맞서려 하지 않고 세상 이치에 따라서 신앙생활을 하려고 노력합니다. 우리는 신앙생활이 순탄할 때만 하나님과 동행하지요. 그리고 다른 사람들의 박수갈채와 함께 그 종교로 인해 얻을 것이 있을 때만 주님과 함께 동행하기를 갈망합니다.

크리스천은 이 말을 들으면서 그가 두 마음이라는 사람임을 비로소 알아차렸습니다. 그러니 동행하고 싶다는 그의 말을 받아들일 이유가 없었습니다. 그와 동행한다는 것은 편하고 즐거운 것, 나에게 이로운 것이 있을 때만 주님을 믿는 것을 의미하기 때문이었습니다. 그래서 크리스천은 단호하게 대답했습니다.

내 말대로 따르지 않는 한, 당신은 우리와 단 한 발짝도 같이 갈 수 없소이다.

신앙은 모든 사람과 화해하고 사랑하는 것이 아닙니다. 진정한 신앙은 모든 경우에 좋은 말만 하며 두 마음을 품고 행동하는 것이 아니라 옳은 것은 옳다, 틀린 것은 틀리다고 말하는 것입니다.

주님의 태도를 보면 알 수 있습니다. 특히 외식하는 서기관들과 바리새인들을 바라보며 주님이 저주성 발언을 하신 부분을 읽을 때 약간은 당황스러울지 모르나 그것이 주님의 마음임을 알아야 합니다. 크리스천의 반응처럼 말입니다. "단 한 발짝도 같이 갈 수 없소이다."

화 있을진저 외식하는 서기관들과 바리새인들이여 회칠한 무덤 같으니 겉으로는 아름답게 보이나 그 안에는 죽은 사람의 뼈와 모든 더러운 것이 가득하도다 이와 같이 너희도 겉으로는 사람에게 옳게 보이되 안으로는 외식과 불법이 가득하도다(마 23:27–28).

뱀들아 독사의 새끼들아 너희가 어떻게 지옥의 판결을 피하겠느냐(마 23:33).

간혹 우리는 적당한 타협을 합니다. 미사여구를 쓰면서 사랑이란 이름으로 옳지 못한 것들을 받아들이고, 편하게 상황에 맞게끔 두 마음을 가지고 행동합니다. 그런데 부끄러워하지 않습니다. 왜냐하면 어느 날부터인가 정말로 많은 크리스천이 그런 삶을 살고 있기 때문입니다.

아합과 엘리야

이스라엘의 왕 아합은 자기 마음대로 살았습니다. 그런 그를 늘 꾸짖는 선지자가 엘리야였습니다. 나름대로 하나님을 믿고 있던 아합이 엘리야를 못마땅하게 여긴 것은 당연한 일이었습니다. 사실 아합은 편의에 따라 하나님을 믿기도 하고, 바알을 믿기도 하는 두 마음의 신앙이 있었습니다. 그러다가 지금은 바알을 섬기고 있었습니다. 엘리야가 그것을 지적하자 아합은 엘리야를 "이스라엘을 괴롭게 하는 자"(왕상 18:17)라고 불렀습니다.

그러자 엘리야는 이렇게 대답했습니다.

> 내가 이스라엘을 괴롭게 한 것이 아니라 당신과 당신의 아버지의 집이 괴롭게 하였으니 이는 여호와의 명령을 버렸고 당신이 바알들을 따랐음이라(왕상 18:18).

이러한 논쟁은 이스라엘 앞에서 엘리야가 옳은가, 아합이 옳은가를 시험하는 것이었습니다. 드디어 엘리야가 '어느 신이 옳은지' 시험하자고 제안했습니다. 그것이 바로 갈멜산 영적 전쟁이었습니다.

> 온 이스라엘과 이세벨의 상에서 먹는 바알의 선지자 사백오십 명과 아세라의 선지자 사백 명을 갈멜 산으로 모아 내게로 나아오게 하소서(왕상 18:19).

아합 왕의 명령으로 바알의 선지자 450명과 아세라의 선지자 400명, 그리고 모든 백성이 갈멜산에 모여들었습니다. 그에 대항하는 여호와 하나님 편의 선지자는 엘리야 단 한 사람뿐이었습니다. 그렇게 드디어 싸움이 시작되었습니다.

이 전쟁터에서 엘리야는 이스라엘 백성에게 기회를 주는 발언을 했습니다. 그것은 양다리 신앙을 버리라는 말이었습니다. 다시 시작할 수 있는 기회였습니다.

> 너희가 어느 때까지 둘 사이에서 머뭇머뭇하려느냐 여호와가 만일 하나

님이면 그를 따르고 바알이 만일 하나님이면 그를 따를지니라(왕상 18:21).

하지만 백성은 아무런 대답도 하지 않았습니다. 여전히 두 마음으로 양다리 신앙을 갖겠다는 의지의 표현이었습니다. 아니, 어쩌면 850명의 선지자가 있는 바알과 아세라를 좇겠다는 표현이었는지도 모릅니다. 엘리야 한 명보다는 850명의 선지자와 왕권을 가진 아합과 이세벨이 더 강해 보였던 까닭일 것입니다.

크리스천이 자신들과 동행하겠다는 두 마음에게 말하는 내용이 너무 아름답습니다.

> 우리와 함께 가려면 환난과 역경이 와도 꿋꿋이 맞서 싸워야 하는데 그래도 당신은 우리와 동행할 건가요? 그리고 상황이 순탄할 때뿐만 아니라 어려운 일이 생길 때도 신앙을 지키고, 사람들에게 칭송을 받을 때뿐만 아니라 손가락질을 받을 때도 이 길을 끝까지 가야 합니다.

쉬운 일이 아닙니다. 그래도 주님이 가신 길에 서서 걸어가야 합니다. 바른 분별력을 가지고 주님과 함께 말입니다. 그것이 크리스천의 모습이기 때문입니다.

26. 하나님인가, 떡인가

_ 두 마음, 세상 집착, 돈을 사랑함, 인색의 공격(요 6:16-40)

두 마음은 순례자들에게 함께 가게만 해달라고 말합니다. 하지만 크리스천은 딱 잘라 이렇게 대답합니다.

내 말대로 따르지 않는 한, 당신은 우리와 단 한 발짝도 같이 갈 수 없소이다.

두 마음은 이 같은 태도를 가진 크리스천과 소망을 도무지 이해할 수 없었습니다. 하지만 순례길의 방향이 같아서 그들과 거리를 둔 채 뒤따라 걸어가고 있었습니다. 그러다가 뒤쫓아 오던 학교 동창 **세상 집착**(Mr. Hold-world)과 **돈을 사랑함**(Mr. Money-love) 그리고 **인색**(Mr. Save-all)을 만납니다.

복을 주신 이유

두 마음을 거부하는 크리스천, 소망과 달리 이 세 사람은 두 마음과 같은 생각을 하고 있었습니다. 세 사람은 두 마음과 똑같이 "가난에 처하고 멸시를 받더라도 끝까지 하나님 섬기기를 포기하지 않겠다"는 크리스천과 소망의 태도를 도무지 이해할 수 없었습니다. 그들의 세계관으로 볼 때 하나님의 뜻은 인간에게 복을 주시는 것이었기 때문입니다. 그 세계관을 정리하는 듯한 세상 집착의 말에 모두가 동의합니다.

> 하나님의 축복이 있을 때 그분을 섬기는 것이 가장 즐거운 법일세. …… 종교를 가지고 있으면서 부자가 되는 것, 그건 참 건전하고 유익한 길이지. 아브라함의 축복이 그랬고, 솔로몬의 부귀영화가 그랬고, 욥의 엄청난 부가 그걸 증명하네.

'하나님의 뜻은 우리 인간들에게 복을 주시는 것이다.' 사실 그것이 틀린 말은 아닙니다. 하나님의 뜻은 우리가 잘되고 번영하기를 원하시는 것이 맞습니다. 실제로 하나님은 아브라함을 부르실 때 복의 근원으로 부르셨고 그에게 복을 주셨습니다.

> 내가 너로 큰 민족을 이루고 네게 복을 주어 네 이름을 창대하게 하리니 너는 복이 될지라 너를 축복하는 자에게는 내가 복을 내리고 너를 저주하는 자에게는 내가 저주하리니(창 12:2-3a).

하나님이 아브라함에게 주신 이 말씀은 틀림이 없지만 이어지는 하나님의 계획, 곧 복을 주시는 목적을 놓쳐서는 안 됩니다. 이것이 두 마음과 세 친구가 간과한 부분입니다. 하나님은 분명히 이어지는 3절 하반 절에 복을 주시는 이유를 말씀하셨습니다.

땅의 모든 족속이 너로 말미암아 복을 얻을 것이라 하신지라(창 12:3b).

하나님이 아브라함에게 복을 주시고 그 아들들과 자손인 이스라엘에게 복을 주신 이유는 그들이 복을 유통하는 자가 되길 원하셨기 때문입니다. 그래서 아브라함과 이삭 그리고 야곱이 잘못을 저지르고 불의를 행하며 자신의 이익과 번영을 추구할 때 그들을 꾸짖고 기회를 주시며 하신 말씀이 바로 복의 유통자가 되어야 한다는 말씀이었습니다.

아브라함은 강대한 나라가 되고 천하 만민은 그로 말미암아 복을 받게 될 것이 아니냐(창 18:18 / 아브라함).

네 자손을 하늘의 별과 같이 번성하게 하며 이 모든 땅을 네 자손에게 주리니 네 자손으로 말미암아 천하 만민이 복을 받으리라(창 26:4 / 이삭).

네 자손이 땅의 티끌같이 되어 네가 서쪽과 동쪽과 북쪽과 남쪽으로 퍼져 나갈지며 땅의 모든 족속이 너와 네 자손으로 말미암아 복을 받으리라(창 28:14 / 야곱).

하지만 이스라엘이 이 사실을 놓치고 하나님을 자신들만 축복하시는 분으로 국한한 것이 큰 잘못이었습니다. 소위 선민이라는 개념을 자신들에게만 복을 주시는 하나님으로 오해한 것입니다.

어떤 목사의 착각

이 같은 이스라엘의 착각은 오늘 우리에게도 다가오는 유혹과 착각인 것이 사실입니다. 두 마음과 세 친구가 나누는 대화를 보면 알 수 있습니다. 특히 목사와 장사꾼 비유는 충격적이지만 그 사실을 잘 설명하고 있습니다.

가령, 어떤 사람에게 그러니까 목사나 장사꾼이든 상관없이 이 세상에서 행복과 부귀를 거머쥘 수 있는 좋은 기회가 생겼는데 그것을 얻으려면 적어도 겉으로라도 그때까지 마음을 쏟지 않았던 어떤 종교적 행위에 지나치게 열심을 내야만 하네. 이럴 경우 그가 바라던 부귀영화를 얻고자 종교에 열심을 내었다면, 이런 방법으로 자신의 목적을 달성하는 일이 잘못되었다고 할 수 있을까?

말도 안 되는 이야기처럼 들리지만 이런 일이 벌어지는 것이 사실입니다. 복을 받고 번영을 누리는 것이 신앙의 목적이라고 이해하기 때문에 이런 일이 벌어지는 것입니다.

돈을 사랑함이 말하는 것처럼 목사는 더 많은 사례금을 받기 위해 더욱 열심히 연구하고 사람들에게 복을 마음껏 빌어 주며 그들의 기호에 따라서 설교합니다. 부요와 성공이 신앙의 목적이자 목회의 목적이기 때문입니다. 돈을 사랑함은 이것을 마치 공식처럼 적용하여 말합니다. 만일 목회자라면 혹시 이 공식에 자신도 적용되지 않는지 살펴보길 원합니다.

아주 작은 사례금을 받는 훌륭한 목사가 한 분 있는데 그 목사는 경제적으로나마 좀 더 편안하게 살기를 바란다고 하세. 그런데 마침 그러한 것을 얻을 수 있는 기회가 생겼어. 그리하여 그는 더욱 열심히 연구하고 더 자주 열정적으로 설교하며 사람들의 기호에 따라서 자기가 갖고 있던 원칙들을 바꾸게 되었다고 하세. 그 사람이 사명을 받았다면 이러한 일을 하고 나아가 더 많은 다른 일들을 하지 못할 까닭이 없지 않은가.

1. 이처럼 열심히 사람들의 기호에 맞게 설교했더니 많은 수입을 올렸습니다. 그게 잘못된 것입니까?

목사가 더 많은 사례금을 받으려고 하는 것은 합법적이지, 이것을 잘못됐다고 말할 수는 없네. 왜냐하면 그것을 주시는 분은 하나님이시니까 말이네. 목사가 원한다면 양심에 거리낌 없이 그 보수를 얻을 수 있네.

2. 더욱이 더 많은 사례를 받기 위해 열심히 연구하고 열정적으로 설교를 준비했더니 훌륭한 설교자가 되었습니다. 하나님도 이것을 원하지 않으시겠습니까?

사례금을 더 많이 받기 위해 목사는 더욱 열심히 연구하게 되고 더욱 열정적으로 설교하게 되니 결국 더 훌륭한 사람이 되는 것 아닌가. 이렇게 하면 목사로서 자기의 직분을 더욱 충실히 해나가게 되니 이 또한 하나님의 뜻에 따르는 길이 아닌가?

3. 더 열심히 교인들을 섬기려고 그들의 비위를 맞추며 다정하게 대하고 그렇게 함으로써 인정을 받게 된다면 훌륭한 목회가 아닙니까?

이제 목사가 사람들을 섬기려고 자기의 원칙들을 버려 가면서 사람들의 기호에 맞춘다는 것에 관해 말하겠네. 그것은 (1) 목사가 자기 자신을 내세우지 않고 (2) 사람들 보기에 다정하고 훌륭하게 행동하며 (3) 그렇게 함으로써 목사의 직분에 더욱 적합한 사람이 된다는 사실을 나타내지.

이 목회 성공 공식은 오늘날 실제로 벌어지고 있는 일입니다. 예전에 알고 지내던 한 목사님이 교회가 부흥하지 않자 어느 성공한 선배 목사님에게서 목회 비법을 배웁니다. 그 후 그 목사님의 교회도 부흥했습니다. 그 목사님이 들었던 선배의 목회 비법은 다음과 같았습니다.

"나는 한 사람이 교회에 등록할 때마다 그 사람을 나에게 월급 주는 사람, 연봉을 많이 받게 해주는 사람이라고 생각하네."

존 번연이 목사와 장사꾼을 동일선상에 놓고 이야기를 푼 것처럼 오늘날 교회와 목회의 모습이 이처럼 세속적으로 변했다면 그것은 비극입니다. 『제자입니까?』라는 책을 쓴 후안 까를로스 오르띠즈 목사는 목회를 하면서 교회의 성장을 이루었으나 결국 목회의 방향을 전환하게 됩니다. 그 이유는 어느 날 하나님이 그에게 코카콜라를 팔듯 목회를 하고 있다고 경고하셨기 때문입니다.

한 발짝도 치우치지 말고

분명히 하나님은 우리에게 복을 주시고 번영하게 하십니다. 식민지와 전쟁의 삶으로 궁핍해진 우리 민족에게 예수님을 믿은 사건은 참 놀라운 은혜였습니다. 나라는 부요해졌고 교회와 크리스천은 성장과 축복을 누리게 되었습니다. 모든 것이 하나님의 계획이었습니다.

그런데 일부 한국교회는 아브라함과 이스라엘의 오해처럼 그 축복을 자신을 위한 것으로, 개교회를 위한 것으로 생각했습니다. 하나님이 복을 주신 이유는 분명 우리를 통하여 그 복이 유통되기를 원하신 것인데, 그 복을 자신들에게 가두는 실수를 범한 것입니다. 지금 한국교회가 만난 어려움은 바로 거기에 기인한다고 해도 틀리지 않습니다.

예수님께서 광야에서 오병이어로 오천 명을 먹이셨을 때입니다. 그때 사람들은 열광하며 예수님을 "억지로 붙들어 임금으로 삼으려는"(요 6:15) 시도를 합니다. 주님은 사람들을 피해 혼자서 산으로 떠나셨습니다. 하지만 사람들은 집요하게 예수님을 추적했고 많은 어려움이 있었지만 결국 주님을 찾아냅니다. 대단한 열심이었습니다. 그런데 주님은 그들의 열심을 칭찬하지 않으시고 오히려 그들의 의도를 지적하셨습니다.

예수께서 대답하여 가라사대 내가 진실로 진실로 너희에게 이르노니 너희가 나를 찾는 것은 표적을 본 까닭이 아니요 떡을 먹고 배부른 까닭이로다 썩는 양식을 위하여 일하지 말고 영생하도록 있는 양식을 위하여 하라 이 양식은 인자가 너희에게 주리니 인자는 아버지 하나님께서 인치신 자니라(요 6:26-27).

사람들이 열광한 이유는 오병이어로 오천 명이 먹었던 그 사건, 곧 떡 때문이었습니다. 예수님이 누구신지에 관해서는 관심이 없었습니다. 오로지 떡이 관심이었습니다. 신앙 역시 떡이 없다면 거절한다는 뜻이기도 했습니다.

예수님이 자신들이 원하는 메시아, 이 세상에 기초한 정치적 메시아가 아니심이 드러나자 그렇게 열광하던 사람들이 얼마 지나지 않아 예수님을 십자가에 못 박으라 외칩니다. 떡 없이는 예수님을 믿지 못하는 모습입니다.

두 마음과 세 친구가 바로 그런 자들이었습니다. 하지만 크리스천과 소망은 흔들림이 없었습니다. 아름다운 걸음입니다.

크리스천 : (소망에게) 한 발짝도 치우치지 말고 우리가 가야 할 길을 계속해서 갑시다.

27. 틀림없이 뻔한 것

_ 데마와 두 마음 일행(잠 30:7-9)

크리스천과 소망이 두 마음 일행을 뒤로하고 길을 가던 중 **평안**(Ease)이라는 탁 트인 평지에 이르렀습니다. 평지 한 끝자락에는 **재물**(Lucre)이라는 언덕이 있었는데 거기에는 은광이 있었습니다. 두 사람이 그 앞을 지나가려는데 **데마**(Demas)라는 사람이 한번 구경하고 가라고 권했습니다.

이곳에는 은광이 있어서 돈을 벌기 위해 땅을 파는 사람들이 있습니다. 힘들이지 않고 조금만 일하면 곧 부자가 될 거요.

소망은 데마의 말에 솔깃해 은광에 가보고 싶어 했습니다. 하지만 크리스천이 이를 강력하게 거절했습니다. 그는 데마가 누구인지 알고 있었기 때문입니다. 데마는 믿음을 버리고 세상을 택하여 이미 정죄 받은 자였습니다. 존 번연은 한술 더 떠서 성경의 일부 인물들과 연결해 데마의 족보를 새로이 만들었습니다. 재미있는 묘사입니다.

당신의 증조부는 게하시가 아니던가요? 당신의 아버지는 유다가 아니던가요? 당신 또한 그들처럼 사람들을 꾀어서 금광이 아닌 죽음의 절벽으로 인도하고 있군요. 당신은 역시 악마의 자식이군요.

이 세상을 사랑하여

데마는 자기도 두 사람과 똑같은 형제 중 한 사람이라고 소리치면서 그들이 조금만 기다려 준다면 자기도 함께 그들을 따라 순례길에 동행할 것이라고 했습니다. 실제 성경에 나오는 데마는 바울의 신실한 동역자였습니다. 바울이 처음 로마의 감옥에 갇혔을 때 쓴 골로새서를 보면 데마는 바울과 함께 있었습니다.

사랑을 받는 의사 누가와 또 데마가 너희에게 문안하느니라(골 4:14).

그로부터 2년여 후에 쓰인 디모데후서를 보면 데마가 세상을 사랑하여 바울의 곁을 떠난 것을 알 수 있습니다. 위대한 사도 바울이었지만 데마의 이러한 행동은 매우 큰 충격이었던 것으로 보입니다. 많은 외로움을 느끼던 바울은 디모데에게 속히 오라는 편지를 썼습니다.

너는 어서 속히 내게로 오라 데마는 이 세상을 사랑하여 나를 버리고 데살로니가로 갔고……누가만 나와 함께 있느니라(딤후 4:9–11).

'이 세상을 사랑하다.' 참 솔깃한 말입니다. 이 말은 곧 이 세상의 방법이 정말 좋다는 말입니다. 우리는 지금 이 세상의 방식에 대해 비난하고 있지만, 만일 나에게 그런 것들이 주어진다면 어떤 일이 벌어질 것 같습니까? 절대 흔들리지 않을 거라고 확신할 수 있습니까? 아래 질문에 대해 한번 생각해 보십시오.

엄청난 돈이 생긴다면 어떻게 하겠습니까? 지금처럼 살 수 있겠습니까?

권력이 주어져서 엄청난 힘이 생긴다면 어떻게 하겠습니까? 아름다운 권력자가 될 수 있겠습니까?

아무 조건 없는 쾌락이 주어진다면 어떻게 하겠습니까? 거절할 수 있겠습니까?

데마의 제안에 솔깃해 은광에 가보자고 한 소망을 크리스천이 강력하게 반대했을 때 소망이 슬그머니 이런 말을 합니다.

두 마음이라는 자가 이곳에 와서 우리와 똑같은 권유를 받으면 그 사람은 틀림없이 은광을 보려고 발길을 돌릴 것입니다.

두 마음 일행은 그렇게 반응하고 시험에 빠지겠지만, 자신은 충분히 이겨 낼 수 있으리라 생각한 것입니다. 하지만 소망도 그곳에 가보고 싶었던 것입니다.

'가보고 싶다.' 그만큼 세상적인 것은 아주 매혹적입니다. 충분한 돈, 엄청난 권력과 명예, 달콤한 쾌락……. 가끔은 그냥 빠지고 싶을 만큼 근사하게 느껴집니다.

물론 크리스천도 흔들렸을 수 있습니다. 그렇다면 두 마음 일행이나 데마와 다를 바가 없었을 것입니다. 그러나 한 가지 분명히 다른 점이 있었습니다. 소망처럼 유혹을 받은 것에 그쳤다는 것입니다. 데마와 두 마음은 유혹을 받으면 소망의 말처럼 틀림없이 은광을 보려고 발길을 돌렸을 것입니다. 고민할 것도 없이 반드시 그곳에 갔을 것입니다. 그것이 다른 것입니다.

크리스천은 그들과 달리 고민하고 있습니다. 망설이며 서성거렸지만 그것이 전부였습니다. 그곳으로 가지 않았습니다. 아직 살아 있는 것입니다! 그런 자신의 마음을 알기에 세상에서의 즐거움과 쾌락, 성공이 부러울지라도 그것을 추구하지 않는 모습이 아직 정직한 크리스천이란 증거입니다.

아굴의 기도

잠언 30장은 야게의 아들 아굴의 잠언이라고 표제가 붙어 있습니다. 아굴은 죽기 전에 반드시 하나님이 들어주시길 원하는 기도를 합니다.

> 내가 두 가지 일을 주께 구하였사오니 내가 죽기 전에 내게 거절하지 마시옵소서 곧 헛된 것과 거짓말을 내게서 멀리하옵시며 나를 가난하게도 마옵시고 부하게도 마옵시고 오직 필요한 양식으로 나를 먹이시옵소서 혹 내가 배불러서 하나님을 모른다 여호와가 누구냐 할까 하오며 혹 내가 가난하여 도둑질하고 내 하나님의 이름을 욕되게 할까 두려워함이니이다
> (잠 30:7-9).

아굴이 말하는 것을 『천로역정』의 언어로 바꾸면 '배부르고 잘되고 기막히게 모든 것이 열리면 틀림없이 하나님과 관계없이 내 마음대로 살 것'이라고 시인한 것입니다. 그래서 가난하게도 말고 부하게도 말게 해달라고 기도한 것입니다. 이것이 자신의 평생의 기도라고 아굴이 말한 것입니다.

그러나 자기 자신이 크리스천이며 순례자라고 주장하는 데마나 두 마음 일행에게는 아굴이 느끼는 두려움이 없었습니다. 그들의 미래가 결정된 이유입니다. 존 번연은 두 마음 일행에 대해 이렇게 기록했습니다.

이때 두 마음과 그 동료들이 다시 보였다. 그들은 데마가 말을 던지자 단번에 그가 손짓하는 곳으로 갔다. 지금은 그들이 옆에서 은광을 들여다보려다가 거기 빠졌는지 보물을 파러 내려갔는지 아니면 바닥에서 올라오는 독가스에 질식되었는지 확실히 모르겠다. 그렇지만 분명한 건 다시는 그들을 길에서 볼 수 없었다는 것이다.

틀림없이 뻔한 것입니다. 이제 자신을 돌아보십시오. 나는 어떻습니까? 나는 이 기막힌 유혹들 앞에서 뻔하게 넘어갔습니까? 아니었습니까?

요행은 없습니다. 괜찮겠지도 없습니다. 유혹에 넘어갔다면 틀림없이 우리 미래는 뻔한 것입니다. 그러므로 아굴의 기도가 옳습니다. 그렇지 않습니까?

아굴의 기도를 새번역으로 읽고 마치겠습니다. 저는 아직도 이렇게 기도하고 있습니다.

주님께 두 가지 간청을 드리니, 제가 죽기 전에 그것을 이루어 주십시오.

허위와 거짓말을 저에게서 멀리하여 주시고, 저를 가난하게도 부유하게도 하지 마시고, 오직 저에게 필요한 양식만을 주십시오. 제가 배가 불러서, 주님을 부인하면서 '주가 누구냐'고 말하지 않게 하시고, 제가 가난해서, 도둑질을 하거나 하나님의 이름을 욕되게 하거나, 하지 않도록 하여 주십시오(잠 30:7-9, 새번역).

28. 하나님의 평화를 즐기라

_ 돌기둥이 된 롯의 아내(빌 4:6-14)

우리는 가끔 이런 생각을 합니다. 우리가 하고 싶은 대로 모든 것을 소유하고 누리면 행복할 것이라는 생각입니다. 혹은 지금보다 조금 더 얻으면 모든 것이 괜찮아지리라 생각합니다. 정말 그럴 것 같습니까? 앞으로 나올 이야기가 이 질문에 대답해 줄 것 같습니다.

에덴동산 같은 곳

크리스천과 소망은 데마의 유혹을 거절하고 계속 길을 가다가 여인의 형상으로 보이는 오래된 돌기둥을 만나게 됩니다. 기둥 꼭대기에는 이상한 필체로 쓰인 글자가 있었는데 "롯의 아내를 기억하라"라는 문장이었습니다. 그들은 돌기둥이 롯의 아내가 소돔 성을 빠져나올 때 뒤를 돌아보다 변해 버린 그 소금 기둥임을 알았습니다. 존 번연은 이 이야기를 전개하면서 소돔과 고모라 성에 대해 매우 흥미로운 해석을 했습니다.

> 하나님께서 소돔 사람들에게 은혜를 베푸셨는데도 불구하고 소돔 땅은 하나님 보시기에 이미 이전의 에덴동산 같지 않았다는 것입니다(창 13:10-13). 그래서 소돔 사람들은 하나님을 더욱 격노케 하고, 결국 하늘 아버지의 진노로 불같이 뜨거운 재앙이 내리게 되지 않았습니까. 끊임없는 경고에도 불구하고 이 소돔 사람들처럼 악을 드러내 놓고 행하는 사람들은 참혹한 심판을 피할 길이 없습니다.

소돔 땅을 에덴동산처럼 하나님이 만들어 주셨다는 해석입니다. 실제로 성경에 그와 유사한 표현으로 기록되어 있습니다.

> 롯이 눈을 들어 요단 지역을 바라본즉 소알까지 온 땅에 물이 넉넉하니 여호와께서 소돔과 고모라를 멸하시기 전이었으므로 여호와의 동산 같고 애굽 땅과 같았더라(창 13:10).

존 번연이 "소돔 땅은 하나님 보시기에 이미 이선의 에덴동산 같지 않았다는 것"이라고 표현한 것을 보면, 소돔은 에덴동산에 비견될 만큼 아름답고 풍요로운 곳이었음이 틀림없습니다. 하지만 만족이 없었습니다. 당시 소돔에는 동성애를 비롯하여 난잡하고 비정상적인 성행위를 하는 자들이 많았습니다. 세상의 풍요만으로는 만족하지 못했던 것입니다.

더 낫고 더 풍요로운 것을 추구하기 위해 현재를 무시해서는 안 됩니다.

더 나은 미래가 있을 거라는 말에 현혹되어서도 안 됩니다. 바로 지금 하나님 나라가 이루어지는 삶을 추구해야 합니다.

'지금 하나님 나라가 이루어져야 한다.' 청년 시절을 지나 그토록 추구하던 결혼을 하거나, 가난한 고시원 생활을 마감하고 내 집을 장만하면 행복해질 것이라고 생각하지 마십시오. 고급 승용차를 타고, 비싼 옷과 액세서리들을 걸치고 다니며, 정말 맛있고 비싼 음식을 먹으면 행복해질 것이라고 생각하지 마십시오. 오늘 지금 이 시간이 행복해야 합니다.

여전히 가난하고 아직 갈 길이 멀고 앞이 보이지 않을지라도 불행한 것이 아닙니다. 사실 행복은 누구와 함께하는가에 달려 있습니다. 아무리 생활이 어려울지라도 나의 삶을 이해하고 공감하는 사랑하는 사람이 있으면 얼마든지 견딜 만합니다.

그러므로 이와 같은 관점에서 하나님과 함께하는 삶을 살아야 합니다. 그분이 정말 우리에게 오늘 지금 여기에 하나님 나라를 경험하며 살도록 이끄시기 때문입니다. 그분이 하나님 나라이시기 때문입니다.

하나님의 평화

바울은 로마 치하와 유대인들의 핍박 속에서 하루하루를 살고 있던 빌립보교회에 매우 놀라운 권면을 했습니다. 들어 보십시오.

> 아무것도 염려하지 말고 다만 모든 일에 기도와 간구로, 너희 구할 것을 감사함으로 하나님께 아뢰라 그리하면 모든 지각에 뛰어난 하나님의 평강이 그리스도 예수 안에서 너희 마음과 생각을 지키시리라(빌 4:6-7).

이 본문은 매우 중요합니다. 이번에는 새번역으로 읽어 보겠습니다.

아무것도 염려하지 말고, 모든 일을 오직 기도와 간구로 하고, 여러분이 바라는 것을 감사하는 마음으로 하나님께 아뢰십시오. 그리하면 사람의 헤아림을 뛰어넘는 하나님의 평화가 여러분의 마음과 생각을 그리스도 예수 안에서 지켜 줄 것입니다(빌 4:6-7, 새번역).

유심히 읽어 보십시오. "너희 구할 것", 곧 "여러분이 바라는 것"을 하나님께 아뢰면 주어지는 것이 무엇인지 말입니다. 그것은 구하고 있는 것의 성취가 아니라 "사람의 헤아림을 뛰어넘는 하나님의 평화"가 임하여 우리의 "마음과 생각을 지켜 줄" 것이라는 말씀입니다.

그 간구가 이루어진다는 뜻입니까? 이어지는 구절들이 그 의미가 무엇인지 분명하게 해줍니다.

내가 궁핍하므로 말하는 것이 아니니라 어떠한 형편에든지 나는 자족하기를 배웠노니 나는 비천에 처할 줄도 알고 풍부에 처할 줄도 알아 모든 일 곧 배부름과 배고픔과 풍부와 궁핍에도 처할 줄 아는 일체의 비결을 배웠노라(빌 4:11-12).

"궁핍", "비천", "배고픔", "그 어떤 경우에도"(새번역) "만족하게 생각하는 비결"(현대인의성경)을 배웠다고 바울은 말합니다. 그렇다면 그 비결이 무엇입니까? 우리가 정말 많이 암송하는 13절 말씀입니다.

내게 능력 주시는 자 안에서 내가 모든 것을 할 수 있느니라(빌 4:13).

"내게 능력 주시는 자." 무슨 능력인지 이미 읽었습니다. "사람의 헤아림을 뛰어넘는 하나님의 평화"가 임하여 우리의 "마음과 생각을 지켜 주는" 것입니다. 그것은 물질적 성취가 아닙니다.

바울은 좀 더 나아가서 이렇게 말합니다. 그 당하는 고난과 아픔과 궁핍이 행복하다는 것입니다. 이어지는 14절 말씀입니다.

그러나 여러분이 나의 고난에 동참한 것은 잘한 일입니다(빌 4:14, 새번역).

왜 그렇습니까? 분명 세상적인 견지에서는 고난이고 궁핍함이지만 이미 하나님의 평화, 곧 하나님의 나라가 임한 삶이기 때문입니다. 그러면 되는 것입니다. 그것이 신앙입니다.

행복한 신앙

존 번연은 많은 유혹을 이기고 걸어온 크리스천과 소망에게 하나님의 평화가 어떤 것인지를 보여 줍니다. 참 행복한 기록입니다.

그들은 여행을 계속하다가 다윗은 "하나님의 강", 사도 요한은 "생명수의 강"이라고 불렀던 곳(시 65:9; 계 22:1)에 이릅니다. 그곳에서 열매를 마음껏 따 먹으며 누리는 삶을 이렇게 표현했습니다.

이 초원에서 두 사람은 누워서 잠을 잤다. 이곳은 그들이 편히 눕기에 충분했다(시 23:2; 사 14:30). 깨어나자 두 사람은 다시 나무 열매를 모으고 강물을 마셨다. 그러고는 또다시 잠이 들었다. 그들은 이렇게 며칠 밤낮을 보냈다.

이러면 되지 않습니까? 지난번에 나눈 아굴의 기도처럼 부하기를 추구할 이유는 없습니다. 지금 적당한 삶을 살고 있다면 말입니다. 그렇지 않습니까? 그래서 돌아보면 언제나 현재가 행복이었습니다.

더 무서운 멸망

소돔과 롯의 아내 이야기를 하면서 덧붙일 것이 있습니다. 크리스천의 말이 중요합니다.

사실 롯의 아내는 멸망하는 소돔 성에서 죽지 않고 빠져나왔기 때문에 한 가지 심판은 피했을지 모르지만 또 다른 심판에 멸망해 버렸습니다. 우리가 보듯 소금 기둥으로 변했으니 말입니다.

아직 끝난 것이 아니라는 말입니다. 엄청난 시험, 유혹과 싸움을 하며 걸어온 날들이 있을 수 있습니다. 그 삶이 중요합니다. 하지만 아직 끝난 것이 아닙니다. 소돔과 고모라만큼 더 무서운 멸망이 우리 앞에 있을 수 있기 때문입니다. 언제나 기억해야 할 교훈입니다.

29. 그 길을 가는 것이 중요하다
_ 샛길 초원으로 갔다가 의심의 성을 만나다 (시 51편)

두 순례자는 그리 멀리 가지 않아 강과 떨어져 길이 나 있는 것을 보았습니다. 두 사람은 적지 않은 실망을 했으나 그렇다고 길 밖으로 벗어날 생각을 한 것은 아닙니다.

강에서 떨어져 있는 길은 갈수록 험한 길이었다. 여행으로 두 사람의 발은 부르트고 피곤한 상태였으므로 그 험한 길을 걸어가야 하는 순례자들은 매우 낙심이 되었다(민 21:4).
그들은 걸어가면서 길이 더 좋아지기를 내심 바랐다.

순례자로 사는 일은 쉽지 않습니다. 신앙 여정이 우리 마음대로 순탄한 길만 계속되지 않기 때문입니다. 때로는 갑자기 쉬고 싶어집니다. 다른 이들처럼 편하고 쉬운 길을 택하고 싶어집니다. 어떨 때는 그동안 살아왔던 삶이 억울해질 수도 있습니다. 순례자들에게도 그런 시간이 찾아온 것입니다.

새로운 길의 유혹

그때 새로운 길, **샛길 초원**(By-path Meadow)이 보였습니다. 그 길은 걷기가 참 편한 풀밭 길이었습니다. 크리스천이 그렇게 바라던 가장 편안한 길이었던 것입니다. 그러나 소망은 의심의 눈으로 그 샛길을 바라보며 자신들이 가야 할 길이 아니면 어쩌냐고 했습니다. 그러자 크리스천이 이렇게 대답하며 그를 주도했습니다.

그런 것 같지는 않습니다. 보시오, 이 길도 본래 길을 따라 나 있지 않습니까?

더욱이 두 사람과 같은 방향으로 걷고 있던 **헛된 확신**(Vain-confidence)이라는 사람 역시 그 길이 하늘나라까지 이어져 있다고 말했습니다. 그래서 순례자들은 괜찮은 줄 알았습니다. 사실 우리는 내가 원하는 것을 말해 주는 가르침을 좋아하고 내가 하고 싶어 하는 것을 가르치는 이야기에 솔깃해합니다. 하지만 그러면 안 된다는 것을 알아야 합니다.

두 순례자는 헛된 확신을 따라갔습니다. 얼마 안 가서 해가 저물고 어둠이 짙게 깔려 한 치 앞도 볼 수 없는 상황이 되었습니다. 설상가상으로 헛된 확신은 길이 보이지 않아 깊은 웅덩이에 빠지고 말았습니다. 그 웅덩이는 그 지역 왕이 헛된 확신에 빠진 바보들을 잡으려고 일부러 파 놓은 함정이었습니다. 위험을 만난 것입니다. 언제나 정확한 판단을 하며 순례 여행을 주도하던 크리스천이 길을 잘못 선택한 것입니다.

소망 : 우리가 지금 어디 있는 것입니까?
크리스천은 자기가 친구를 잘못된 길로 인도하지 않았나 하는 생각 때문에 아무 말이 없었다.

언제 무너지는가

위험을 피한다는 것이 이토록 어렵습니다. 우리가 걸어가야 할 길이 꽤 길기 때문입니다. 가는 동안에 우리가 만날 위험은 우리가 지쳤을 때 벌어집니다. 그 상황에서 크리스천 같은 냉철한 믿음의 사람도 무너집니다.

다윗도 그랬습니다. 하나님을 위해 살던 다윗은 어느 날 기도하러 왕궁 옥상에 올라갔다가 밧세바를 봤습니다. 그것은 시작에 불과했습니다. 다윗은 밧세바를 품에 안았을 뿐 아니라 그녀가 아이를 가진 사실을 안 후에는 매우 의도적으로 그녀의 남편이자 자신의 충실한 부하인 우리아를 죽이라는 지시까지 했습니다. 다윗이 무너진 것입니다.

우리도 이렇게 무너질 수 있습니다. 사실 우리가 살아온 날들을 돌아보면 이미 수없이 무너졌을지도 모릅니다. 어쩌면 지금이 무너진 상태일지도 모릅니다. 그렇다면 이제 어떻게 해야 합니까?

어떻게 해야 할지는 고민할 것도 없습니다. 당연히 다시 처음으로 돌아가야 합니다. 크리스천과 소망은 처음 그 자리로 돌아가기로 했습니다. 어디에선가 그들을 격려하는 음성도 그런 말씀이었습니다.

네가 전에 가던 길을 마음에 두라 돌아오라(렘 31:21).

하지만 다시 돌아가는 길은 쉽지 않았습니다. 길이 너무 어둡고 이미 물이 크게 불어나 무척 위험했습니다. 겨우겨우 돌아가는 도중에 그들은 쉴 만한 곳을 발견하고 거기서 잠깐 쉬기로 했습니다.

그런데 그곳은 근처 **의심의 성**(Doubting Castle)의 주인인 **거인 절망**(Giant Despair)의 땅이었습니다. 몹시 지쳐 그곳에서 잠이 들었던 순례자들은 다음 날 아침 거인 절망에게 붙잡히고 맙니다.

거인 절망은 그들을 가만두지 않았습니다. 강제로 두 사람을 성으로 끌고 가서는 지하 감옥에 가두고 마구 때렸습니다. 죽고 싶을 만큼 힘든 상황이었지만 두 사람은 끝까지 견뎌 냈습니다. 하지만 그들은 곧 거인 절망의 손에 죽을지 모르는 상황에 처하고 맙니다. 마침 그때 크리스천이 잊고 있었던 놀라운 비밀을 깨닫습니다.

날이 완전히 새기 전에 크리스천은 반쯤 놀란 사람처럼 다음과 같이 외쳤다.
크리스천 : 바보 같으니라고! 자유롭게 걸어 다닐 수 있는데도 냄새나는 감방에 누워 있다니. 내 가슴속에 약속(Promise)이라는 열쇠가 있는 것을 깜빡 잊어버리고 있었소. 이 열쇠는 의심의 성의 모든 문을 열 수 있소.

여기서 약속이란 곧 하나님의 약속을 뜻합니다. 하나님의 약속을 붙잡는 것이 바로 막힌 인생을 여는 열쇠였습니다. 더 설명할 것도 없습니다.

지하 감옥에서 절망하고 있는 크리스천과 소망

두 순례자가 무사히 그 성을 빠져나왔으니까 말입니다. 해피엔딩입니다!

그 길

가만히 생각해 보면 우리 삶은 반복의 연속입니다. 그러다 우리는 다른 길을 기웃거립니다. 그게 좋아 보이기 때문입니다. 하지만 우리에게 필요한 것은 '그 길'을 가는 것입니다. 그 길을 가는 것이 더 중요합니다. 이 부분을 생각하다가 적은 시입니다.

「길」

    편하고 좋은 길
    누군가가 옳다고 말한 길
    그러면 괜찮은 길일까

    험하고 어려운 길
    사람들이 피하려 하는 길
    그러면 나쁜 길일까

    그 길이 편하든
    그 길이 어렵든
    그것이 중요한 것은 아니지

그 길이 어디로 가는지가 중요한 것이지
그 가는 길이 험하여도
내가 가야 할 길이라면 가야 하는 것이지

편하고 좋은 길
누군가가 옳다고 말한 길
그것이 중요한 것이 아니지

뒤를 슬그머니 돌아보십시오. 어떻게 살아왔습니까? 돌아보니 저도 새로운 길로 다녔던 자신을 마주하게 됩니다. 그렇지만 다시 돌아갑니다. 처음으로 말입니다. 그러면 새롭게 됩니다. 바울의 선포처럼 말입니다.

누구든지 그리스도 안에 있으면 새로운 피조물이라 이전 것은 지나갔으니 보라 새것이 되었도다(고후 5:17).

정말 안심입니다. 그런데 마냥 기쁘지는 않습니다. 두 순례자처럼 다시 처음으로 돌아가려면 어려움을 만나는 것이 당연하기 때문입니다. 하지만 힘들더라도 다시 그 길에 들어선 것이 중요합니다. 물론 그 길이 쉽지 않지만 포기하지 않으면 어느 날 그 길에 익숙해진 자신을 보게 될 것입니다. 성령께서 도우시기 때문입니다. 더욱이 옳은 길을 걷고 있으니 언젠가는 하나님 나라에 이르게 될 것이고, 그 걷는 걸음이 많은 사람에게 중요한 방향이 될 것입니다.

다윗은 밧세바를 범해 아이를 낳았고 나단 선지자로부터 하나님의 통렬

한 경고를 받았습니다. 그때부터 그는 더 이상 옛날의 다윗으로 살 수 없었습니다. 법궤가 예루살렘으로 들어올 때 몸이 다 드러나도록 자유롭게 찬양했던 옛날의 다윗으로는 다시 돌아갈 수 없었습니다. 그때부터 그는 다른 형태의 삶을 살았습니다. 스티그마(stigma), 즉 흔적이 그의 몸에 있었기 때문입니다. 상처 나고 부서졌을지라도 그가 진실하기 때문에 '상한 마음'을 멸시하지 않고 받으시는 하나님의 표시였던 것입니다.

다윗 이야기를 하면서 정말 감사한 것이 또 하나 있습니다. 하나님이 다윗이 사랑한 밧세바를 내치지 않으신 것입니다. 그에게서 나온 아들이 바로 다윗의 뒤를 이은 왕 솔로몬이었습니다. 참 관대하신 하나님입니다.

30. 힘을 얻는 데 그치지 말고 잘 사용하라

_ 기쁨의 산에서 목자들을 만나다 (고전 3:18-23)

의심의 성을 빠져나와 다시 순례의 길을 걷던 크리스천과 소망은 주님의 소유인 **기쁨의 산**(Delectable Mountains)에 도착합니다. 산으로 올라가서 아래를 내려다보니 정원과 과수원, 포도원, 맑은 샘물과 강이 있었습니다. 산꼭대기에는 양 떼를 치는 목자들이 있었습니다.

넘어지는 지점들

순례자들은 천성으로 가는 길에 대한 정보를 얻고 싶어서 목자들에게 질문을 던졌습니다. 그때 목자들의 대답이 재미있습니다.

크리스천 : 그 길이 혹 위험하지는 않은가요?

목자들 : 정직히 행하는 자는 안전하나 죄를 짓는 자는 넘어집니다(호 14:9).

목자들은 두 순례자를 데리고 다니며 사람들이 죄로 인해 넘어진 지점들을 보여 주었습니다.

우선 목자들은 **이단의 산**(The Hill called Error)이라 부르는 산꼭대기로 순례자들을 인도했습니다. 그들은 두 사람에게 아래를 내려다보라고 했습니다. 아래를 내려다보니 바닥에는 산꼭대기에서 발을 잘못 내디뎌 떨어진 사람들의 시체가 즐비했습니다. 성경에 없는 망령되고 헛된 말을 주장하는 자들의 결말을 보여 주는 곳이었습니다.

주의(Caution)라는 또 다른 산꼭대기에서는 앞을 보지 못하는 사람들이 무덤을 벗어나지 못하고 계속 헤매는 광경을 봅니다. 그들은 곁길로 들어갔다가 거인 절망에게 붙잡히고 의심의 성으로 끌려가 눈이 뽑힌 자들이었습니다. 이것을 보고 난 후 크리스천과 소망은 서로를 말없이 쳐다보며 눈물을 흘렸습니다. 자신들이 지나온 곳이었기 때문입니다.

다음으로 목자들은 순례자들을 산 아래 또 다른 곳으로 데리고 갔는데, 그곳은 지옥으로 가는 샛길이었습니다. 그 샛길로 들어선 사람들을 목자들은 이렇게 설명했습니다.

저곳엔 에서와 같이 팥죽 한 그릇에 장자권을 판 사람들이 있고, 자기 스승 예수를 판 유다와 같은 사람들이 있고, 복음을 비방하고 조롱하던 구리 장색 알렉산더와 같은 자들이 있지요. 아나니아와 그의 아내 삽비라처럼 성령을 거스려 거짓을 말한 자들이 그 안에서 고통받고 있습니다.

샛길은 지금까지 순례자들이 걸어오면서 만났던 것들처럼 안전하지 않았습니다. 위험한 길이었습니다. 하지만 엄밀하게 말하면 위험하지 않습니다. 샛길로 들어서기로 한 우리의 선택이 위험을 마주하게 했기 때문입니다. 그것이 언제나 문제입니다. 앞서 목자들이 한 말처럼 말입니다.

죄를 짓는 자는 넘어집니다(호 14:9).

죄인의 길에 있으므로 위험에 빠지는 것이며 언젠가는 넘어질 것이라는 말입니다. 사실 샛길을 택하는 것은 하나님을 의존하는 것이 아니라 자신의 지혜, 곧 자기 꾀를 믿는 행위입니다. 그래서 언젠가는 자기 꾀에 빠져 어려움을 당하는 것입니다. 이것은 언제나 진실입니다.

> 악인은 힘찬 걸음걸이도 맥이 풀리고 자기가 꾸민 꾀에 자기가 빠질 것이며 그는 제 발로 그물에 들어가 발이 걸리고 발뒤꿈치가 덫에 치여 잡힐 것이다(욥 18:7-9, 현대인의성경).

좀 더 자세히 살펴보면 자기 꾀에 빠지는 궁극적인 이유는 하나님 때문입니다. 언젠가는 반드시 넘어지게 되는 이유입니다. 하나님은 우리의 죄를 영원히 용납하지 않으시기 때문입니다.

이 세상의 지혜는 하나님이 보시기에 어리석은 것입니다. 성경에도 "하나님이 약삭빠른 자를 자기 꾀에 빠지게 하신다" 하였고(고전 3:19, 현대인의성경).

어떤 의미에서 자기 꾀에 빠져 넘어지는 것은 유익합니다. 크리스천과 소망이 의심의 성에서 빠져나온 것처럼 말입니다. 시편 기자는 그런 사실을 알았던 것 같습니다. 그래서 "자기 꾀에 빠지게 하소서"라고 기도합니다.

악한 자가 교만하여 가련한 자를 심히 압박하오니 그들이 자기가 베푼 꾀에 빠지게 하소서(시 10:2).

하나님이여 그들을 정죄하사 자기 꾀에 빠지게 하시고 그 많은 허물로 말미암아 그들을 쫓아내소서 그들이 주를 배역함이니이다(시 5:10).

'자기 꾀에 빠진다!' 이것을 잊지 말아야 합니다. 하지만 어렵더라도, 당장 편해 보이지 않더라도 주님의 길을 벗어나지 않은 자들은 안전합니다.

정직히 행하는 자는 안전하나 죄를 짓는 자는 넘어집니다(호 14:9).

안전한 길을 좇아서

힘들더라도 안전한 길, 곧 예수 그리스도의 길을 따라야 합니다. 간혹 세상이 좋아서, 더 편하고 쉬운 길로 가고 싶어서 샛길을 택할 수 있습니다. 하지만 당장은 좋아 보이더라도 언젠가는 비틀거리며 넘어질 것입니다. 그 길은 죄인의 길이기 때문입니다. 그러므로 돌아설 수 있는 자는 행복한 것입니다.

그렇지만 우리의 신앙 여정이 쉽지 않습니다. 가끔은 하나님이 방임하고 계신 것 같은 느낌이 들기도 합니다. 더욱이 비틀거려 넘어진 자들 대부분이 순례자였기 때문에 걱정스러운 것이 사실입니다.

소망 : 수천 년 전이지만 그들도 우리와 같은 순례자의 모습이었습니까?
목자들 : 그랬소. 그것도 꽤 오랫동안 그랬지요.

그렇습니다. 한때 순례자였던 그들은 어려움을 당할 때마다 하나님께 기도했습니다. 하나님은 분명 그 기도에 응답하시고 힘을 주셨습니다. 그런데 실족한 것입니다. 도대체 왜 그런 것입니까? 소망과 목자들이 나눈 대화에 답이 있습니다.

소망 : 우리는 항상 기도하며 깨어 있어야겠습니다. 강하신 그분께 힘을 달라고 부르짖어야겠습니다.
목자들 : 그래요. 힘을 얻으면 그 힘을 사용할 필요도 있을 것입니다.

'그 힘을 사용할 필요가 있다.' 신앙이 액세서리가 아니라 생활이 되어야 한다는 말입니다. 말씀과 설교 그리고 큐티를 통해 우리에게 허락하시는 수많은 위로와 도전에 실제로 반응하고 응답해야 한다는 말입니다. 들었을 때 반응하고 알았을 때 고치며 감동할 때 행동하는 것, 이것이 필요합니다.

그런데 우리는 듣기만 합니다. '좋은 이야기'라며 추임새만 넣습니다. 그래서 의미가 없는 것입니다. 더욱이 죄의 길에서 돌아서지 않고 그 길로 계속 걸어갑니다. 주신 힘을 사용하지 않습니다. 하나님의 도우심을 구하지만 그 주신 힘을 사용하지 않고 살아갑니다. 우리에게 주신 은혜는 충분합니다. 이제 잘 사용하는 일만 남았을 뿐입니다.

Part 4.

드디어
하나님 나라에
이르다

31. 작은 믿음의 문제
_ 어려운 신앙 여행을 한 작은 믿음(마 8:23-27)

두 순례자는 천성으로 가는 길을 따라 산에서 내려왔습니다. 그러다가 **무지**(Ignorance)라는 이름의 청년을 만났는데 그 역시 천성을 향해 가는 길이었습니다. 그런데 굉장히 자신감 넘치는 그의 모습이 뭔가 이상해 보였습니다. 천성의 문까지 어떻게 도달할 생각이냐고 크리스천이 묻자 무지는 이렇게 대답했습니다.

다른 착한 사람들을 따라 천성문에 들어갈 수 있습니다. ……나는 내 주님의 뜻을 잘 알아요. 지금껏 착하게 살아왔고, 남에게 빚진 것도 없으며 기도도 하고 금식도 하고 구제도 하고 지금 가는 하늘나라를 위해 내 나라를 버렸지요.

그런데 사실 무지는 좁은 문으로 들어온 것이 아니라 휘어진 길로 들어온 자였습니다. 그것이 그의 신앙이었습니다.

당신들의 종교나 잘 섬기십시오. 난 우리 땅의 종교를 잘 믿고 결국 천성에 들어갈 테니까요. 당신들이 이야기한 좁은 문이 우리 땅에서 얼마나 멀리 떨어져 있는지는 온 세상이 다 아는 일입니다. 우리나라에 사는 사람들 중 좁은 문으로 가는 길을 아는 사람은 단 한 사람도 없어요. 그것이 중요한 일도 아니고요. 난 지금 푸른 풀이 깔린 훌륭한 지름길로 걸어왔습니다.

두 순례자는 스스로 지혜 있는 체하는 무지를 지나쳐 계속 길을 걸어갔습니다. 가던 도중에 한 남자를 만났는데 일곱 마귀가 그 사람을 일곱 개의 단단한 줄로 옭아매어 끌고 가고 있었습니다. 남자의 등에는 "악덕의 스승이요, 저주받을 배교자"라고 적힌 종이가 붙어 있었습니다.

작은 믿음이라는 사람

크리스천은 그 근처에서 어떤 작한 남자가 당한 일에 대해 들었던 것이 생각나 소망에게 말하기 시작했습니다. 그 남자의 이름은 **작은 믿음**(Little-faith)이었습니다. 그는 순례길을 가다가 우연히 **사망로**(Dead Man's Lane)에 앉게 되었고 잠이 들었습니다.

그때 마침 사망로에서 **겁보**(Faint-heart), **의심**(Mistrust), **범죄**(Guilt)라는 세 강도가 나타나 작은 믿음의 돈주머니를 빼앗고 몽둥이로 그의 머리를 내

작은 믿음의 돈주머니를 빼앗는 강도들

리쳤습니다. 그러나 누군가 오는 소리를 듣고는 작은 믿음을 내버려 둔 채 달아나 버렸습니다.

잠시 후 정신이 돌아온 작은 믿음은 그곳에서 빠져나올 수 있었으나 잃어버린 돈 때문에 무척 고생하며 남은 순례길을 갔습니다. 그런데 다행인 것은 작은 믿음이 갖고 있던 보물을 강도들이 찾아내지 못했다는 사실입니다. 그래서 작은 믿음은 보물만은 지킬 수 있었습니다. 그 보물은 바로 하늘나라 문에 들어갈 수 있는 증명서였습니다.

존 번연은 그 증명서에 대해 자세히 설명하지는 않았지만, 우리가 천국에 들어가는 것은 예수 그리스도를 믿는 믿음으로 말미암기에 그 증명서는 믿음이라고 해야 맞습니다.

> 우리가 그 안에서 그를 믿음으로 말미암아 담대함과 확신을 가지고 하나님께 나아감을 얻느니라(엡 3:12).

> 너희는 그 은혜에 의하여 믿음으로 말미암아 구원을 받았으니 이것은 너희에게서 난 것이 아니요 하나님의 선물이라(엡 2:8).

> 복음에는 하나님의 의가 나타나서 믿음으로 믿음에 이르게 하나니 기록된바 오직 의인은 믿음으로 말미암아 살리라(롬 1:17).

믿음은 곧 천성문을 통과하는 증명서이기에 가장 빛나는 보물입니다. 여기서 우리가 알아야 할 매우 중요한 사실이 하나 있습니다. 믿음이 비록 작을지라도 구원의 은혜를 빼앗기지 않는다는 것입니다. 참 안심이 되는 부분입니다. 하나님 나라에 이르는 길은 우리의 믿음의 크기와 관계있는 것이 아니라 믿음 자체와 관계있기 때문입니다.

> 네가 만일 네 입으로 예수를 주로 시인하며 또 하나님께서 그를 죽은 자 가운데서 살리신 것을 네 마음에 믿으면 구원을 받으리라(롬 10:9).

흔들릴 수도 있고 쓰러질 수도 있지만 우리가 믿으면 구원에 이른다는 사실의 견고함을 잊어서는 안 됩니다.

작은 믿음의 문제

작은 믿음이 구원에 이르는 문제와 관계가 없다면 작은 믿음을 가지고 살아도 괜찮다고 생각할 수 있습니다. 존 번연은 작은 믿음의 문제를 이렇게 표현했습니다.

> 강도들이 그 소중한 물건을 가지고 가지 못한 까닭은 작은 믿음 스스로의 노력보다는 하나님의 보호하심 때문이지요(딤후 1:12, 14; 벧전 1:5, 9). …… 작은 믿음이 그 보물을 제대로 사용했더라면 위로가 되었을 거요. 하지만 이야기해 준 사람들에 의하면 그 사람은 나머지 순례의 길을 가는 동안 거의 그것을 사용하지 않았다고 하더군요. 돈을 빼앗겼던 사실에 너무 놀랐기 때문이라오. 사실 작은 믿음은 나머지 길을 가는 동안 그 증명서를 잊어버리고 사는 때가 너무나 많았다고 합니다. 뿐만 아니라 언제나 그 보물이 생각날 때면 그로 인해 위안을 얻기 시작하다가도 이내 도둑을 맞

았던 생각이 새롭게 다시 떠올라 그러한 생각을 모두 삼켜 버렸지요.

작은 믿음의 문제는 자신이 가진 믿음의 힘을 잊고 사는 데 있습니다.

제자들이 예수님과 함께 갈릴리 호수를 건널 때였습니다. 갑자기 큰 풍랑이 일어나서 배가 물결에 막 뒤덮일 위험에 빠지게 되었습니다. 그런데 예수님은 주무시고 계셨습니다. 제자들은 그런 상황이 너무 두려웠습니다. 그들의 외침을 보면 알 수 있습니다.

> 그 제자들이 나아와 깨우며 이르되 주여 구원하소서 우리가 죽겠나이다 (마 8:25).

분명 급박한 상황이었습니다. 하지만 주님은 이 같은 제자들을 오히려 책망하셨습니다. 주님에게 상황은 중요하지 않으셨던 것입니다. 그래서 주님은 이렇게 말씀하셨습니다.

> 예수께서 이르시되 어찌하여 무서워하느냐 믿음이 작은 자들아 하시고 곧 일어나사 바람과 바다를 꾸짖으시니 아주 잔잔하게 되거늘(마 8:26).

"믿음이 작은 자들", 이것이 두려움의 이유였습니다. 작은 믿음은 우리가 두려움과 아픔, 시험을 당할 때 사용하지 못합니다.

크리스천은 믿음을 가지고 사는 사람들을 말합니다. 히브리서를 읽으면 더욱 분명해집니다. 우리에게 필요한 것은 믿음입니다. 믿음의 성숙, 믿음의 완전에 이르는 것입니다. 그때야 비로소 우리는 내가 만나는 현재 상황을 뛰어넘을 수 있습니다.

성숙한 신앙을 추구한다는 것은 믿음이 커지는 것을 말합니다. 이 관점에서 볼 때 예수님이 매우 놀라운 말씀을 우리에게 하셨습니다.

> 내가 진실로 너희에게 이르노니 누구든지 이 산더러 들리어 바다에 던져지라 하며 그 말하는 것이 이루어질 줄 믿고 마음에 의심하지 아니하면 그대로 되리라(막 11:23).

이런 믿음을 가진 자들의 기도는 놀랍고 강력합니다. 이어지는 주님의 말씀이 사실이 되는 것입니다.

> 그러므로 내가 너희에게 말하노니 무엇이든지 기도하고 구하는 것은 받은 줄로 믿으라 그리하면 너희에게 그대로 되리라(막 11:24).

우리는 사는 동안 믿음을 사용하지 못하고 살지도 모릅니다. 예수님을 믿으면서도 요행을 바라는 삶이 전부일 수 있습니다. 작은 믿음 때문입니다. 그러므로 우리의 믿음이 커지고 성숙한 단계로 나아가도록 훈련하는 것이 중요합니다. 그만큼 우리가 하나님의 자녀로서의 권세를 누리며 산다는 것을 말하기 때문입니다.

32. 강요하지 않으시는 하나님
_ 두 갈래 길에서 옳은 길을 찾지 못하다 (시 23:1-6)

크리스천과 소망은 수많은 유혹과 시련을 견디면서 꽤 오랫동안 걸어왔습니다. 그들의 여행은 계속되었습니다.

어느 곳에 이르러 보니 그들이 가던 길 위로 길이 하나 더 나 있었다. 그 길은 순례자들이 가는 길처럼 곧게 뻗어 있는 것처럼 보였다. 그들 앞에 놓여 있는 두 길이 다 쭉 뻗어 있는 듯 보여서 순례자들은 어느 길로 들어서야 할지 잠시 생각을 하느라 멈춰 서 있었다.

'어느 길이 옳은 길인지를 알 수가 없다.' 참으로 당황스러운 일이었습니다. 그때 검은 살갖이었지만 새하얀 옷을 입은 사람이 두 순례자에게 다가와서 자신을 따라오라고 했습니다. 사실 엉뚱한 길이었는데 말입니다. 전혀 눈치채지 못한 두 사람은 급기야 그 사람이 미리 쳐둔 그물에 걸리고 말았습니다.

그때서야 순례자들은 그 사람의 정체를 알아차렸다. 그곳에서 두 사람은 자신들의 힘으로는 빠져나갈 길이 없어 한참을 울었다.

오래 믿었다고 해서

이 얼마나 기막힌 일입니까? 크리스천과 소망은 오랫동안 믿음의 순례를 해왔습니다. 그런데 아직도 옳은 길을 구별하지 못한 것입니다.

그렇습니다. 오래 믿었다고 답을 아는 것은 아닙니다. 그러므로 순례가 끝나는 순간까지 절대 방심해서는 안 됩니다. 우리는 여전히 성령의 인도와 가르침을 받아야 합니다. 절대로 우리 자신의 판단을 믿어서는 안 됩니다.

오히려 오래 믿었기에 더 위험해질 수 있습니다. 왜냐하면 자기 합리화와 편의주의적 해석으로 자신을 그럴듯하게 포장하고 보호할 확률이 높기 때문입니다. 오랫동안 믿음의 길을 걸어오며 산전수전 다 겪었지만, 결국 낙엽처럼 무너져 내린 많은 목회자와 크리스천을 보면 알 수 있습니다.

크리스천과 소망도 같은 경우를 만난 것입니다. 오랫동안 순례의 길을 걸어왔지만 답을 아는 것이 아니었습니다. 철저히 주님을 의지해야 했던 것입니다. 그들은 빠져나올 수 없는 덫에 걸려서야 그 사실을 깨달았습니다. 언젠가 기쁨의 산에서 만났던 목자들의 권면이 생각난 것입니다.

소망 : 목자들은 우리에게 안내책까지 주어서 우리를 보냈는데, 우리는 그 사실조차도 까맣게 잊어버리고 그 책을 들여다보지도 않았고 길에서 우리를 망하게 하는 사람을 멀리하지도 않았으니 이 점에서 다윗은 우리보다 지혜로웠군요. 그는 "사람의 행사로 논하면 나는 주의 입술의 말씀을 따라 스스로 삼가서 포악한 자의 길을 가지 아니하였사오며"(시 17:4)라고 말하고 있으니 말입니다.

다윗이 잘못된 길로 들어서지 않았던 이유는 "남들이야 어떠했든지, 나만은 주님께서 하신 말씀을 따랐기"(시 17:4, 새번역) 때문입니다. 두 순례자는 이제야 그 이야기가 생각난 것입니다.

말씀을 따르는 삶

우리의 잘못은 어느 시점부터인가 그동안의 나의 경험과 지혜를 가지고 스스로 결정하고 판단하는 데서 일어납니다. 이런 판단이 잘못된 것은 아닙니다. 문제는 그동안의 경험과 지혜가 무엇에 의해 쌓였는가입니다. 다윗의 고백처럼 "주님께서 하신 말씀을 따르며" 쌓인 것인가, 아니면 내 마음대로 결정하거나 얇은 귀로 다른 사람들의 이야기를 들으며 쌓인 것인가가 중요합니다.

말씀을 따르는 삶, 매일 그 같은 삶을 포기하지 않고 걸어가는 것이 중요합니다. 매일 주님과 동행하며 그분과 대화하고 그분의 뜻을 헤아리며 그분을 따라가는 것이 중요합니다. 저의 삶은 그런 것 같습니다. 말씀에 기초한 삶을 살고 있습니다. 그런 까닭에 바울의 로마서 7장 고백이 저를 지배하고 있습니다. 옳은 것과 잘못된 것을 알고 있습니다. 그래서 괴로웠습니다. 저도 이렇게 소리쳤습니다.

> 오호라 나는 곤고한 사람이로다 이 사망의 몸에서 누가 나를 건져내랴(롬 7:24).

나의 선택과 나의 길을 주님은 알고 계십니다. 단지 주님이 참고 기다리고 계실 뿐입니다. 그런 주님을 알기에 매일 나를 쳐서 복종하는 노력을 기울이고 있는 것입니다.

> 주님 말씀하시면 내가 나아가리다
> 주님 뜻이 아니면 내가 멈춰 서리다
> 나의 가고 서는 것 주님 뜻에 있으니
> 오 주님 나를 이끄소서
> (「말씀하시면」, 김영범 작사·작곡)

어느 날 정말 하나님의 말씀을 따라 행동하는 순간이 오리라 믿습니다. 왜냐하면 포기하지 않았기 때문입니다. 그러므로 죄 가운데 있을 때라도 더욱 열심히 말씀을 묵상하고 말씀으로 살아야 합니다.

> 내가 사망의 음침한 골짜기로 다닐지라도 해를 두려워하지 않을 것은 주께서 나와 함께하심이라(시 23:4).

"사망의 음침한 골짜기", 그것은 시편 기자가 스스로 선택한 길일 수 있습니다. 그런데 그곳에서도 주님이 함께하십니다. 그러므로 죄가 가득할 때도 할 수만 있다면 더욱 열심히 말씀 가운데 서서 살아야 합니다. 그래야 살길이 있기 때문입니다.

참 싱거운 이야기

말씀대로 살지 않고 인간적인 판단을 내렸던 두 순례자가 덫에 걸려 절망하던 순간 매우 간단하게 거기에서 풀려나게 됩니다. 참 싱거운 이야기입니다.

두 순례자는 그물에 걸린 자신들을 한탄하며 슬퍼하고 있었다.
그때, 두 사람은 멀리서 빛나는 옷을 입은 사람이 손에 가는 끈이 달린 채찍을 들고 그들에게 다가오고 있는 것을 보았다.

천사가 그물을 찢어 그들을 살려 준 것입니다. 정말 놀라운 일이었습니다. 어떻게 이런 일이 벌어진 것입니까?
지금까지 신앙생활을 해오면서 알게 된 비밀이 이 지점에 있습니다. 그것은 '오랫동안의 여행, 그 순례의 길을 걸어온 이들이 갖는 유익'입니다. 죄를 범했을지라도 주님을 의지하며 순례의 길을 걸어온 이들을 하나님이 보호하시고 함께하시는 것입니다. 성경에서는 천사로 표현됩니다. 하나님이 함께 계신 것입니다. 이 사실을 믿으셔도 좋습니다. 우리를 눈동자처럼 보호하시는 하나님이 우리와 함께 계십니다.

참 놀랍습니다. 그런데 존 번연은 이것을 설명하면서 매우 중요한 한 가지 장면을 더 넣었습니다. '채찍'의 의미를 알려 주기 위해서였습니다.

꿈에서 보니 빛나는 옷을 입은 사람이 순례자들에게 바닥에 누우라고 지시했다. 순례자들이 눕자 그 사람은 그들이 걸어가야 할 길을 가르쳐 주기 위해서 채찍으로 호되게 때렸다(신 25:2; 대하 6:27). 그러고 나서는 이렇게 말했다.
빛나는 분 : "무릇 내가 사랑하는 자를 책망하여 징계하노니 그러므로 네가 열심을 내라 회개하라"(계 3:19).

이것도 잊지 말아야 합니다. 채찍으로 우리를 책망하며 징계하실 수도 있다는 사실을 말입니다. 돌아보면 그런 일을 참 여러 번 경험한 것 같습니다. 어떤 징조들을 보기도 합니다. 당연한 일입니다. 그래서 잠언 기자는 우리에게 이렇게 권면합니다.

내 아들아 여호와의 징계를 경히 여기지 말라 그 꾸지람을 싫어하지 말라 대저 여호와께서 그 사랑하시는 자를 징계하시기를 마치 아비가 그 기뻐하는 아들을 징계함같이 하시느니라(잠 3:11-12).

우리가 어떤 상황에 있든지 우리는 하나님의 말씀을 따라 사는 법을 배우고 지켜야 합니다. 우리가 죄 가운데 있거나 자기 마음대로 살고 싶을 때는 더욱더 그리해야 합니다. 그래야 살길이 생기기 때문입니다.

저는 아직도 연약합니다. 아직도 부족합니다. 그래서 매일 싸우고 있습니다. 이 세상을 사는 동안 내 뜻대로 살고 싶은 마음이 아직도 있기 때문입니다. 그래도 포기하지 않습니다. 언젠가 아름답게 변화되고 근사하게 발전될 것을 믿기 때문입니다. 내 안의 추구를 그분이 아시기 때문입니다.

하나님은 강요하지 않으십니다. 주님을 부인하는 베드로를 얼마든지 무력으로 막을 수 있지만 하나님은 그를 강압적으로 처리하지 않으셨습니다. 시편 기자의 고백처럼 사망의 음침한 골짜기로 갈지라도 막지 않으셨습니다. 신앙은 강요가 아니라 선택과 자유이기 때문입니다. 하지만 간혹 책망과 징계를 하실 것입니다. 우리를 깨닫게 하시려는 방법이지만 억지로 우리에게 비인격적 강요를 하지는 않으십니다. 정말 놀라운 하나님이십니다.

어쨌든 하나님은 포기하지 않으십니다. 그래서 로마서 7장이 귀합니다. 바울이 치열하게 싸움을 벌이다가 결국 스스로 이길 수 없는 자신의 모습을 보고 "오호라 나는 곤고한 사람이로다 이 사망의 몸에서 누가 나를 건져내랴"(롬 7:24)라고 토로하며 절망할 때 하나님이 개입하셨습니다. 그리고 회복시키셨습니다. 이어지는 25절의 고백이 그것을 증명합니다.

> 우리 주 예수 그리스도로 말미암아 하나님께 감사하리로다 그런즉 내 자신이 마음으로는 하나님의 법을 육신으로는 죄의 법을 섬기노라(롬 7:25).

주님은 바울의 간절함을 알고 계셨기에 그를 회복시키셨습니다. "선을 행하기 원하는"(롬 7:21) 그 마음을 알고 계셨던 것입니다. 놀랍게도 이들은 아름다운 주의 사람들로 살았습니다. 베드로는 로마에서 십자가에 거꾸로 매달려 순교했고, 바울 역시 순교자의 삶을 살았습니다.

그러니까 주님은 기다리신 것입니다. 우리의 몸부림과 열망을 존중하시고, 우리가 쓰러지면 다시 일으키시며 우리에게 힘을 주시는 것입니다. 이제 필요한 일은 끝까지 걸어가는 것입니다. 그러면 우리도 바울이나 베드로처럼 온전한 주의 사람들로 살게 될 것입니다.

33. 좋은 친구가 있어야 한다
_ 무신론자의 말에 크리스천이 흔들리다(잠 19:27)

크리스천과 소망은 두 갈래 길에서 옳은 길을 찾지 못할 때 그저 인간적인 생각으로 길을 결정했다가 큰 낭패를 당했습니다. 빛나는 천사로 가장한 사기꾼에게 속아 넘어간 것입니다. 다행히 빛나는 옷을 입은 천사가 그들을 도와주어 위험에서 빠져나올 수 있었습니다.

채찍질로 징계를 받는 동안 그들은 자신을 돌아보는 시간을 가졌습니다. 그리고 노래를 하면서 가벼운 발걸음으로 다시 바른길을 걸어갔습니다.

무신론자를 만나다

이제 조금 지나, 두 순례자가 멀리 보니 누군가 혼자서 자기들 쪽으로 걸어오고 있었다.

두 순례자가 이번에 만난 사람의 이름은 **무신론자**(Atheist)였습니다. 그는 두 순례자가 시온성으로 가고 있다고 말하자 껄껄하고 웃음을 터뜨렸습니다. 그러면서 자신은 하나님 나라를 찾으러 나섰다가 무려 20년을 헤맸고, 결국 그런 곳은 나타나지 않았다고 말합니다.

> 만약 그러한 곳이 있다면 당신들보다 훨씬 더 오랫동안 찾아본 내가 그곳을 먼저 찾았을 텐데 아무것도 찾지 못했소. 난 다시 돌아가는 길이오. 이젠 그것을 찾기 위해 포기했던 것들을 다시 찾아 즐기며 살 거요.

이 같은 이야기를 듣던 크리스천이 소망을 돌아보며 물었습니다.

> 이 사람이 하는 말이 맞습니까?

크리스천의 질문에 소망은 정색하며 이 같은 사람들을 주의해야 한다고 대답했습니다. 그리고 지금까지 걸어오면서 경험했던 확신들을 생각해 보자고 말합니다.

> 당신이 내게 일러 주었어야 하는 건데, 내가 당신에게 속삭이게 되었습니다. "내 아들아 지식의 말씀에서 떠나게 하는 교훈을 듣지 말지니라"(잠 19:27). 내 말은 저 사람 말을 듣지 말고 영혼을 구원하는 믿음에 이르는 사람이 되자는 말입니다(히 10:39).

그 순간 크리스천이 말을 돌려 "당신 마음속에 있는 정직의 열매를 끄집어내려고 했던 것"이라 말하지만 그는 흔들린 게 틀림없었습니다. 왜 흔들린 것입니까? 어쩌면 20년 넘게 순례의 길을 걸었던 무신론자의 의심에 흔들렸는지도 모릅니다. 크리스천 역시 늘 확신에 찬 순례의 길을 걸었던 것이 아님을 증명하는 것입니다.

'아직도 흔들리고 있다!' 이것을 잊지 말아야 합니다. 우리의 믿음은 금방 징계를 받고 정신을 바짝 차린 상태에 있다고 해도 아무 소용이 없을 수 있습니다. '아직도 흔들리고 있다.', 아니 '언제나 흔들리고 있다.'가 우리의 내면 상태라는 것을 잊어서는 안 됩니다.

여기서 우리의 믿음을 흔드는 사람, 무신론자는 20여 년의 순례 여행이 말하는 것처럼 오래 믿은 자를 가리킵니다. 믿은 지 얼마 안 된 자가 아닙니다. 그렇다면 어떻게 무신론자가 크리스천을 흔드는 것입니까? 우선 오랫동안 믿었던 경험과 지식 그리고 나름의 철학으로 "지식의 말씀"을 의심하게 하는 것입니다.

그러므로 성경 말씀과 가르침을 자신의 편의대로 듣거나, 필요한 것만을 취사선택하여 함부로 평가하는 말씀 편의주의적 접근을 경계해야 합니다. 우리에게는 무엇보다 말씀이 말씀하도록 내어놓는 자세가 필요합니다. 말씀을 일점일획도 의심치 않고 믿는 것이 중요합니다. 구약이든 신약이든 상관없이 말입니다.

친구가 있어야 한다

다행인 것은 같은 길을 걷고 있는 순례자 소망이 있었다는 사실입니다. 비록 그는 크리스천보다 나이도 어리고 신앙의 연륜도 짧지만 순간 방향을 잃어버린 크리스천을 바로잡아 주었습니다. 나이와 신앙의 연륜에 상관없이 소망은 좋은 친구였습니다.

이처럼 좋은 사람과 함께하는 것이 중요합니다. 특히 신앙의 균형을 가지고 있는 사람을 만나는 것은 정말 중요합니다. 좋은 신앙의 친구 말입니다. 이런 친구 어떻겠습니까?

- 주일 성수를 매우 당연한 일로 아는 친구
- 십일조를 즐거운 마음으로 하는 친구
- 매일 말씀을 묵상하고 기도하는 것을 의무가 아닌 행복한 습관으로 여기는 친구
- 주님의 전에서 무엇이든 봉사하려는 친구
- 경건 서적 읽기를 좋아하고 주님의 전을 사모하는 친구
- 만나면 말씀을 나누고 삶 속에서 일하신 주님을 소개하는 친구
- 늘 기뻐하고 감사하고 즐거워하는 친구
- 틀린 것은 틀리다고 말하지만 관대하게 이해해 주는 친구
- 나를 위해 기도해 주는 친구

이런 친구가 좋은 친구입니다. "두 사람이 한 사람보다 나음은 그들이 수고함으로 좋은 상을 얻을 것임이라"(전 4:9)라는 말씀처럼 혼자보다 둘이 있을 때가 훨씬 좋은 친구입니다.

그렇다면 이런 친구는 어떻습니까? 실제로 주변에 있는 믿음의 친구들은 어떤 모습을 하고 있습니까?

- 예배를 자기 편의에 따라 안 드릴 수도 있는 친구
- 헌금은 중요하지 않다고 말하는 친구
- 시간이 날 때만 말씀을 묵상하고 그렇게 하지 않아도 전혀 아무렇지 않아 하는 친구
- 교회를 그저 위로만 받기 위한 곳이라고 생각하는 친구
- 경건 서적을 의지적으로 읽어 볼 생각은 전혀 하지 않는 친구
- 만나면 세상 이야기만 하고 신앙과는 아무 상관이 없는 친구
- 불평하고 지적하고 투덜대는 친구
- 틀린 것을 지적하다가 화를 내며 소리 지르는 친구
- 나를 위해 기도할 것 같지 않은 친구

이런 친구가 있다면 혼자 있는 게 낫습니다. 차라리 신앙생활을 혼자 하는 게 낫습니다.

진짜 좋은 크리스천

다행히 크리스천과 소망은 서로에게 좋은 친구였습니다. 두 사람은 그동안 걸어왔던 신앙의 여정을 함께 나누기로 했습니다. 그런데 놀라운 사실이 있습니다. 소망이 이 순례의 길을 떠나게 된 이유였습니다. 바로 크리스천 때문이었습니다.

원래 소망은 허영의 시장에서 허랑방탕하게 살던 자였습니다. 그는 자신을 이렇게 소개했습니다.

나는 허영의 시장에서 보고 살 수 있는 것들로 즐거워하며 계속해서 꽤 오랫동안 그렇게 보냈지요. 내가 아직도 그러한 것들을 즐기는 데 빠져 있었더라면 나는 내가 가진 그러한 것들로 인해 지옥에 빠져 끝장이 나버렸을 거예요. ······또한 제멋대로 행동하고 흥청대며 술 마시고 맹세하고 거짓말하고 순결하지 않고 안식일을 범하고 영혼을 망치는 짓들을 즐거워했지요.

소망은 스스로 이야기한 것처럼 지옥에 빠져 끝장이 나버릴 뻔한 사람이었습니다. 그러던 어느 날 누군가를 만났습니다. 크리스천과 믿음이었습니다. 그 순간을 소망이 이렇게 간증했습니다.

그러던 어느 날 나는 하나님에 관한 이야기를 듣고 생각해 보았어요. 사실 허영의 시장에서 자기의 믿음과 착한 행동 때문에 죽임을 당했던 믿음과 당신의 말을 듣고 이러한 방탕한 생활의 마지막은 죽음(롬 6:21-23)이라는 것과, 이러한 헛된 일들로 인해 하나님의 진노가 순종하지 않은 사람들의 머리 위에 떨어진다는 사실(엡 5:6)을 알게 되었어요.

소망의 변화는 이렇게 시작되었습니다. 얼마나 놀라운 일입니까? 여기서 매우 중요한 사실을 깨닫게 됩니다. 온전한 크리스천은 세상을 정화하고, 그 공동체 동료들이 자신을 돌아보고 살피며 아름다운 신앙을 추구하도록 동기를 부여하는 역할을 한다는 것입니다.

세상과 교회와 크리스천이 무너지고 있다면 그 이유는 무엇이겠습니까? 바른 영성을 가지고 그 길을 가는 사람들이 없다는 것 아니겠습니까?

믿음과 크리스천 같은 사람 말입니다.

　우리 공동체는 어떻다고 생각하십니까? 나는 어떤 크리스천입니까? 진짜 크리스천의 길을 걷고 있습니까?

34. 하나님의 말씀이 해답이다

_ 무지가 무지한 자가 된 이유(시 119:89-105)

크리스천과 소망은 그들이 가는 길 끝자락 즈음에서 무지라는 청년을 다시 만납니다. 기쁨의 산에서 내려와 큰길에 들어섰을 때 만났던 청년이었습니다. 그의 신앙은 이상한 자신감으로 가득 차 있었습니다. 그는 자신이 정해 놓은 기준에 맞춰 살면 구원에 이른다고 생각하고 있었습니다. 그는 이렇게 말했었습니다.

다른 착한 사람들을 따라 천성문에 들어갈 수 있습니다. ……나는 내 주님의 뜻을 잘 알아요. 지금껏 착하게 살아왔고, 남에게 빚진 것도 없으며 기도도 하고 금식도 하고 구제도 하고 지금 가는 하늘나라를 위해 내 나라를 버렸지요.

스스로 선하다는 사람

다시 만난 무지는 여전히 자기 생각을 따라 하나님을 믿고 있었습니다. 근본적으로 무지는 자신의 내면이 선한 생각과 선한 계획으로 가득 차 있다고 믿고 있었습니다. 그는 자신이 살아가는 방법을 충분히 즐기고 있었습니다. 영혼의 상태가 어떤지 묻는 크리스천에게 그는 이렇게 대답했습니다.

좋습니다! 나는 언제나 선한 생각만 하거든요. 마음의 위안도 되고요.

이러한 확신에 찬 무지를 보면서 크리스천은 그 근거가 어디에 있는 것인지 궁금했습니다. 역시 그 근거는 자신의 마음이었습니다. 무지가 한 말들을 보면 알 수 있습니다.

내 마음과 생활은 일치가 되고요. 내 소망은 이렇듯 든든합니다. ……선한 생각을 품고 있는 마음이 선한 마음 아닌가요?

크리스천은 그것이 옳지 않다고 지적했습니다. 무지는 크리스천의 주장을 받아들이기 힘들었습니다. 하지만 크리스천은 매우 중요한 이야기를 합니다. 선한 생각이란 어떤 것인지 말입니다. 그 대화가 재미있습니다.

무지 : 우리 자신에 관한 선한 생각이란 어떤 것입니까?
크리스천 : 우리 자신에 관한 선한 생각이란 하나님이 말씀하시는 것과

일치하는 생각을 말하오.

무지 : 어떨 때 우리 자신에 대한 생각이 하나님의 생각과 일치됩니까?

크리스천 : 하나님이 우리를 판단하시는 것과 똑같이 우리 자신을 보는 거요. 다시 말하면 하나님께서는 자연 상태의 사람을 이렇게 말씀하셨소. "의인은 없나니 하나도 없으며……선을 행하는 자는 없나니 하나도 없도다"(롬 3:10-12). "그 마음으로 생각하는 모든 계획이 항상 악할 뿐이니라"(창 6:5). "사람의 마음이 계획하는 바가 어려서부터 악함이라"(창 8:21). 그러니 이러한 생각을 가지고 우리 자신을 보게 될 때 우리의 생각은 하나님의 말씀에 비춘 것이기 때문에 올바르게 되는 것입니다.

마음은 더럽다

여기서 인용한 창세기 8장 21절 말씀을 살펴보겠습니다. 하나님께서 노아 홍수 후 다시는 사람 때문에 땅을 저주하지 않겠다고 하신 말씀입니다.

> 내가 다시는 사람으로 말미암아 땅을 저주하지 아니하리니 이는 사람의 마음이 계획하는 바가 어려서부터 악함이라(창 8:21).

이 말씀은 매우 의미심장합니다. 만일 하나님이 사람의 의로움과 더러움을 심판 기준으로 삼으신다면, 우리는 언제나 저주받고 멸망할 수밖에 없음을 말씀하신 것입니다. 즉, 기본적으로 우리의 마음은 선하지 않다는 뜻입니다. 주님은 아예 우리 마음속에 더러움이 존재한다고 규정하셨습니다.

마음에서 나오는 것은 악한 생각과 살인과 간음과 음란과 도둑질과 거짓 증언과 비방이니 이런 것들이 사람을 더럽게 하는 것이요(마 15:19-20).

바울은 그 마음의 실체를 선을 행하기 원하는 나를 넘어서는 또 다른 나로서의 마음, 곧 죄로 통치받고 있는 마음이라고 말했습니다.

내가 원하는 바 선은 행하지 아니하고 도리어 원하지 아니하는 바 악을 행하는도다 만일 내가 원하지 아니하는 그것을 하면 이를 행하는 자는 내가 아니요 내 속에 거하는 죄니라(롬 7:19-20).

마음은 우리가 스스로 통치하며 주장할 수 없는 영역입니다. 그것이 성경이 말하는 진리입니다. 우리의 마음의 행위는 우리의 뜻과 다를 때가 너무나 많기 때문입니다. 그래서 밧세바를 범했던 다윗은 이렇게 기도했습니다.

오 하나님, 내 속에 깨끗한 마음을 만들어 주시고 내 안에 올바른 마음을 새롭게 해주소서(시 51:10, 쉬운성경).

마음은 내가 통치하는 영역이 아닙니다. 그러므로 우리 마음이 새로워지기 위해서는 하나님의 개입이 필요합니다. 당연히 성령께서 하시는 일도 우리 안에 들어와 우리 마음을 새롭게 하시는 것입니다. 아예 새 마음을 주시는 것입니다.

또 새 영을 너희 속에 두고 새 마음을 너희에게 주되 너희 육신에서 굳은 마음을 제거하고 부드러운 마음을 줄 것이며 또 내 영을 너희 속에 두어 너희로 내 율례를 행하게 하리니 너희가 내 규례를 지켜 행할지라(겔 36:26-27).

로마서 7장에서 본 것처럼 엄청난 싸움을 해왔던 바울은 아예 이렇게 권면했습니다.

너희 안에 이 마음을 품으라 곧 그리스도 예수의 마음이니(빌 2:5).

오직 말씀만이

무지는 자기 생각과 마음이 선하다고 생각했습니다. 그래서 크리스천의 말을 이해할 수 없었습니다. 더욱이 자기 마음이 악하다는 사실을 받아들일 수 없었습니다.

그렇다면 왜 무지는 크리스천의 말을 이해할 수 없는 것입니까? 그것은 자신을 평가하는 기준이 바로 자기 자신이기 때문입니다. 그래서 크리스천은 하나님의 시각에서, 곧 하나님의 말씀으로 우리 자신을 봐야 한다고 말합니다.

하나님이 우리를 판단하시는 것과 똑같이 우리 자신을 보는 거요. ……이러한 생각을 가지고 우리 자신을 보게 될 때 우리의 생각은 하나님의 말씀에 비춘 것이기 때문에 올바르게 되는 것입니다.

크리스천이 이렇게 말하는 이유는 이미 설명한 것처럼 우리는 우리 스스로가 죄인이라는 것을 인식할 만한 능력이 없기 때문입니다. 옳은 지적입니다.

하나님께서는 인간의 방법은 구부러져 있고 바르지 못하며 삐뚤어져 있다고 말씀하셨소. 저들이 본래 옳은 길에서 벗어나 있으나 깨닫지 못한다고 말씀하고 있지요(시 125:5; 잠 2:15; 롬 3:12). 그러므로 사람이 말씀대로 자신의 방법을 생각하고 겸손한 마음으로 말씀대로 생각한다면, 그의 생각은 하나님 말씀의 판단과 일치하기 때문에 자기가 갈 길에 대한 선한 생각을 한다고 할 수 있는 것입니다.

성경은 계시에 의해 기록된 하나님의 말씀입니다. 우리가 성경을 하나님의 말씀으로 받아들이고 따를 때 성경은 스스로 역사합니다.

하나님의 말씀은 살아 있고 활력이 있어 좌우에 날 선 어떤 검보다도 예리하여 혼과 영과 및 관절과 골수를 찔러 쪼개기까지 하며 또 마음의 생각과 뜻을 판단하나니(히 4:12).

무지라는 이름은 그가 하나님의 말씀인 성경을 모르기 때문에 붙었음을 알 수 있습니다. 성경을 알지 못하는 그의 무지가 죄로 등장하고 있는 것입니다. 왜냐하면 죄를 깨닫지 못해 자기 마음과 생각이 옳다고 여기는 '자기주장과 교만'에 빠졌기 때문입니다.

두말할 것도 없습니다. 우리가 성숙에 이르는 길은 오직 말씀에 있습니다. 우리가 바른길에 들어서는 최고의 방법이 성경이라는 것은 이론의 여지가 없습니다. 우리가 성경의 사람이 되어야 하는 이유입니다.

크리스천은 무지와 많은 대화를 나누었습니다. 하지만 무지의 말은 더 논할 가치가 없었습니다. 이름처럼 그는 무지했습니다. 성경이 말하는 진리를 전혀 모르고 있었습니다. 많은 대화 중 무지의 이 말이 그것을 증명합니다.

아니! 이것 보시오! 우리의 행위 없이 믿기만 하면 된다니? 우리는 상관없이 그리스도 혼자서 하신 일만을 믿으라는 것입니까? 그런 자기기만은 우리 욕망의 고삐를 풀어놓아 우리 마음대로 살게 할 것입니다. 우리가 그리스도 한 분의 의로 모든 죄에서 벗어나 의롭다 함을 입게 된다고 믿는다면 우리가 어떻게 살든 무슨 상관이 있겠습니까?

오로지 말씀만이 우리의 어두운 길에 등이 될 것입니다. 오로지 말씀만이 우리를 바르게 인도하며 우리를 살릴 수 있기 때문입니다. 우리가 성경의 사람이 되어야 하는 이유입니다.

주의 말씀은 내 발에 등이요 내 길에 빛이니이다(시 119:105).

35. 올바른 두려움은 아름답다
_ 무지가 지옥에 간 이유(잠 1:7)

무지의 문제점은 신앙을 너무 쉽고 편하게 생각하는 것이었습니다. 그는 지나치게 긍정하며 자신의 생각이 옳다고 생각했습니다. 그래서 언제나 편하고 쉬운 것들만 선택하고 추구했습니다. 무지에게는 자신의 위험한 영적 상태에 대한 두려움이 필요한데 늘 그 두려움을 피해 가는 것이 가장 큰 문제였습니다. 크리스천과 소망이 무지를 보면서 안타까워한 부분이었습니다.

소망 : 정말 당신 말대로 두려움이란 사람들에게 유익이 되고, 순례의 길을 처음 가는 순간부터 사람들을 올바른 길로 가도록 인도한다는 생각이 듭니다.

크리스천 : 그것이 곧 올바른 두려움이지요. 그래서 하나님께서는 이렇

게 말씀하셨지요. "여호와를 경외함이 곧 지혜의 근본이라"(욥 28:28; 시 111:10; 잠 1:7, 9:10).

올바른 두려움

소망은 크리스천에게 올바른 두려움이란 어떤 것이라고 생각하는지 물었습니다. 이에 대한 크리스천의 설명이 참 탁월하고 아름답습니다.

참되고 바른 두려움은 세 가지로 알 수 있습니다.
첫째로, 두려움이 생기는 동기를 보아 알 수 있는데 곧 죄를 깨닫고 그 죄에서 구원받으려는 마음에서 생겨나는 두려움이지요.
둘째로, 참된 두려움은 우리가 깨달은 죄의식으로 말미암아 구원을 낳고, 우리 영혼이 구원받기 위해 더욱 그리스도를 의지하게 만듭니다.
셋째로, 참된 두려움은 하나님과 그분의 말씀과 법도를 소중히 여기고, 그것을 지키는 가운데 그러한 것들로부터 우로나 좌로 치우쳐 하나님을 모독하거나 평화를 깨뜨리거나 성령님을 슬프게 하거나 원수에게 비방의 말을 듣는 일을 할까 봐 두려워하며 성결한 삶을 살게 하는 두려움입니다.

올바른 두려움은 아름답습니다. 다른 말로 하면 이것은 바울이 표현한 것처럼 구원에 이르게 하는 근심이기 때문입니다.
바울은 고린도교회에 첫 번째 편지를 보내고 나서 자신이 너무 지나치게 몰아붙인 것은 아닌가 하는 생각이 들었습니다. 실제로 바울의 편지는 고린도교회 교인들을 근심에 빠뜨렸습니다. 그 소식을 듣고 바울이 걱정했던 것입니다.

하지만 나중에 들은 소식은 바울의 편지로 인해 일어난 근심 때문에 고린도교회가 회개하게 되었다는 것이었습니다. 바울은 흥분했습니다. "하나님의 뜻대로 하는 근심"은 놀랍도록 아름다운 것임을 알았기 때문입니다. 바울은 고린도교회로 보낸 두 번째 편지에서 이것을 감사합니다.

> 내가 편지로 너희를 근심하게 한 것을 후회하였으나 지금은 후회하지 아니함은 그 편지가 너희로 잠시만 근심하게 한 줄을 앎이라 내가 지금 기뻐함은 너희로 근심하게 한 까닭이 아니요 도리어 너희가 근심함으로 회개함에 이른 까닭이라 너희가 하나님의 뜻대로 근심하게 된 것은 우리에게서 아무 해도 받지 않게 하려 함이라(고후 7:8-9).

'근심의 아름다움'입니다.

지옥에 간 무지

크리스천과 소망이 드디어 천성에 도착했을 때입니다. 어떻게 된 일인지 천성문 근처에 무지가 나타났습니다. 그 이유를 이렇게 설명하고 있습니다.

> 고개를 돌려 뒤를 바라다보니 무지가 거의 강까지 와 있는 것이 보였다. 그러나 그는 두 순례자가 겪었던 곤고산의 절반도 느끼지 못하고 그 강을

> 금방 건넜다. 때마침 그 강에 헛된 소망(Vain-hope)이라는 나룻배 사공이 있어서 그 사람의 배를 얻어 타고 강을 건넜기 때문이었다.

하지만 무지는 천성으로 들어갈 수 없었습니다. 그에게는 천성에 들어갈 수 있는 증명서가 없었기 때문입니다. 천성에 들어갈 수 없는 것은 그가 걸어온 길의 열매였습니다.

주님이 하신 말씀 중에 "그날", 곧 마지막 날에 대한 말씀이 있습니다. 천국 문 앞에 선 무지의 이야기와 같은 경우입니다. 천국 앞에 사람들이 모여 있었는데 얼핏 보면 그들은 천국에 갈 만한 자격이 있는 자들로 보였습니다.

> 그날에 많은 사람이 나더러 이르되 주여 주여 우리가 주의 이름으로 선지자 노릇 하며 주의 이름으로 귀신을 쫓아내며 주의 이름으로 많은 권능을 행하지 아니하였나이까 하리니(마 7:22).

그들은 모두 주의 이름으로 살았고, 심지어 능력도 행했다고 말합니다. 그런데 주님이 이어서 하시는 말씀이 충격적입니다. 그들을 전혀 알지 못한다고 말씀하시기 때문입니다.

> 그때에 내가 그들에게 밝히 말하되 내가 너희를 도무지 알지 못하니 불법을 행하는 자들아 내게서 떠나가라 하리라(마 7:23).

무지도 마찬가지였습니다. 분명히 천국 문 앞까지 왔는데 아무도 그를 모르는 것입니다. 『천로역정』의 끝 장면은 이 무지한 청년 무지가 지옥으로 가는 것으로 이야기를 마무리하고 있습니다. 참으로 안타까운 이야기입니다.

> 왕은 무지를 보러 나오지 않았다. 다만 크리스천과 소망을 성으로 이끌어 주었던 빛나는 분들에게 나가서 무지를 데려다가 손과 발을 묶어 쫓아버리라는 지시만 내렸다. 빛나는 분들은 공중으로 무지를 끌고 올라가 내가 언덕 비탈에서 보았던 문으로 데리고 가서 거기에 밀어 넣는 것을 나는 꿈속에서 보았다. 그때 나는 멸망의 도시에서뿐만 아니라 하나님 나라 문에서도 지옥으로 가는 길이 있다는 사실을 처음 알았다.
> 깨어 보니, 꿈이었다.

하나님을 아는 것이 중요하다

우리는 하나님 나라에 들어가는 자격이 행위에 있다고 생각합니다. 그래서 외적인 근사함과 화려함, 그리고 놀라운 능력이나 대단한 직분을 중요하게 여깁니다. 그러나 놀랍게도 주님은 그들을 "도무지 알지 못하겠다"(마 7:23)고 부정하셨습니다. 주님은 왜 그렇게 말씀하신 것입니까? 그럴듯하게 외적으로 포장되었지만 실제로는 주님을 부정한 삶을 살았기 때문입니다.

> 누구든지 사람들 앞에서 나를 안다고 증언하면 나도 하늘에 계신 내 아버지 앞에서 그를 안다고 증언하겠다. 그러나 누구든지 사람들 앞에서 나를

모른다고 하면 나도 하늘에 계신 내 아버지 앞에서 그를 모른다고 하겠다
(마 10:32-33, 공동번역).

주님을 아는 것이 기준입니다. 그런데 삶 속에서 주님을 안다고 드러내지 않은 것입니다. 하나님보다 세상을 더 의식했고 세상이 더 중요했던 것입니다. 달리 말해서 하나님을 이차적으로 여긴 것입니다. 하나님을 두려워하지 않고 세상을 두려워하고 의식한 것입니다. 그 순간 하나님의 지혜와 훈계를 가볍게 여긴 것입니다.

그렇다면 왜 이런 일이 벌어진 것입니까? 하나님을 온전히 알지 못하기 때문입니다. 그래서 잠언 기자는 이런 말을 했습니다.

여호와를 경외하는 것이 지식의 근본이거늘 미련한 자는 지혜와 훈계를 멸시하느니라(잠 1:7).

"지식의 근본", 당연히 여기서 말하는 지식은 하나님을 아는 것입니다. 하나님을 아는 것은 하나님을 두려워하는 결론에 이르게 합니다. 하나님을 아는 순간 그분의 사랑, 그분의 은혜, 그분의 존재 됨을 깨닫게 되기 때문입니다.

물론 시작은 인간적인 두려움, 심판에 대한 두려움으로 나타나지만 시간이 갈수록 그 사랑에 대한 두려움으로 바뀝니다. 그래서 세상을 하나님의 사람답게 살고 싶어지는 것입니다. 세상의 부귀와 영화를 누리며 살기보다 하나님 앞에서 살고 싶어지는 것입니다. 그리고 그 사랑의 거룩함 때문에, 아니 무서우리만치 놀라운 그 사랑 때문에 주를 위해 살게 되는 것

입니다. 바울의 고백이 이해되는 이유입니다.

우리 중에 누구든지 자기를 위하여 사는 자가 없고 자기를 위하여 죽는 자도 없도다 우리가 살아도 주를 위하여 살고 죽어도 주를 위하여 죽나니 그러므로 사나 죽으나 우리가 주의 것이로다(롬 14:7-8).

36. 그리스도께 속한 사람
_ 한때 믿음에 대해 이야기하다가 (롬 14:7-8)

무지가 왜 온전한 신앙을 가지고 하나님께로 돌아오지 못하는지를 말하던 크리스천과 소망은 대화를 좀 더 이어 갔습니다. 무지처럼 분명 하나님을 믿고 있지만 하나님에게서 멀리 떨어진 사람들에 관한 이야기였습니다.

크리스천이 이야기한 사람은 **한때 믿음**(Temporary)이라는 자였습니다. 그는 **은혜 없음**(Graceless)이라는 마을에서 살던 사람으로 **돌아섬**(Turnback)이라는 사람 옆집에 살았습니다.

한때 믿음은 한때 상당히 생각이 있던 사람이었습니다. 그는 하나님의 사랑을 아는 데서 비롯된 두려움이 아니라 심판에 대한 두려움을 가지고 있었습니다. 자신의 죄를 알고 있었기 때문입니다.

크리스천 : 나는 그 사람이 자기 죄와 그 죄에 따르는 삯이 무엇인지 어느 정도 알고 있었다고 생각했지요.

두려움은 이처럼 참 중요합니다. 우리로 하여금 돌아서게 하니까 말입니다. 무지는 두려움 없이 모든 근심을 버리고 잘못된 긍정으로 살았던 것이 문제였지만, 한때 믿음은 그래도 두려워하고 있었습니다. 그 두려움을 심각하게 생각하고 있었습니다. 그는 두려움을 무시하지 않았습니다. 그러다 만난 사람이 **스스로 구원**(Save-self)이었습니다. 그런데 그를 만난 이후 한때 믿음은 딴사람이 됩니다.

도대체 무슨 일이 벌어진 것입니까? 존 번연은 자세하게 설명하고 있지 않지만, 한때 믿음에게 일어난 일은 스스로 구원이라는 자와 관계있습니다. 한때 믿음은 말 그대로 스스로 구원의 길을 찾은 것입니다. 즉, 자신에게 엄습하는 두려움을 이기는 방법을 찾았다는 말입니다.

스스로 구원이라는 사람은 자신의 노력으로 구원에 이를 수 있다고 믿는 자입니다. 실제로 이 세상에 넘쳐나고 있는 수많은 종교와 이단, 그리고 명상이나 뇌 호흡 등 유사 종교들의 핵심에는 바로 '자기 자신'이 있습니다. 이들은 더 깊은 무아에 빠지기 위해 약물을 사용하기도 하고, 강력한 자기 최면과 자기 암시를 걸기도 합니다. 심한 경우 완벽하고 분명해 보이는 자신을 신의 위치에 올려놓기까지 합니다. 그런 자기를 찾는 것을 구원의 완성이라고 가르칩니다. 거기에는 천국, 지옥 등 또 다른 세상이 존재하지 않습니다. 이 세상이 끝인 것입니다. 그러므로 자기를 찾는 것이 구원입니다.

두려움을 이기는 또 다른 방법으로 택하는 것은 '쾌락'입니다. 쾌락을 추구하는 자들은 모든 방법을 동원해서 극단의 쾌락을 찾습니다. 마약과 극단적인 섹스, 권력과 부요를 이용해 자기 뜻대로 쾌락의 삶을 사는 것으로 엑스터시를 추구합니다. 그 순간에는 두려움이 사라집니다. 아니 두려움이 없는 것 같아 보입니다. 그래서 쾌락을 추구하는 것입니다.

두려움이 사라지는 이유

두 순례자의 대화는 좀 더 확장되었습니다. 그들은 한때 믿음을 비롯해 사람들이 갑자기 타락하게 되는 까닭이 무엇인지 생각해 보았습니다. 소망은 이렇게 이야기합니다.

그러한 사람들은 머릿속으로는 알고 있지만 마음이 바뀌지 않았기 때문입니다.

무엇보다도 마음과 의지가 바뀌지 않았기 때문에 그냥 이 세상을 좇는 것입니다. 아예 두려움을 잊으려고 더욱더 세상의 방법을 따라 살며 쾌락을 추구하는 것입니다. 당연히 신앙은 과감히 멀리합니다. 죄책감에서 벗어나기 위해서 말입니다.
이번에는 크리스천이 그 사람들이 어떻게 돌아서게 되는지 이야기합니다.

첫째로, 그 사람들은 가능한 한 하나님과 죽음, 닥쳐올 심판에 대한 모든 것들로부터 자기들의 생각을 돌리려고 합니다.
둘째로, 혼자 기도하거나 탐욕을 억누르거나 죄를 슬퍼하는 일 등과 같은 개인적인 의무들을 점차 하지 않습니다.

셋째로, 열심과 뜨거운 마음으로 믿는 그리스도인들과의 사귐을 갖는 것을 꺼립니다.

성도들과의 교제를 끊어버린 뒤에 이어지는 뻔한 현상은, 육을 따르는 방탕하고 바람기 많은 사람들과 계속 사귀게 되는 것입니다. 물론 처음에는 몰래 이런 행동을 하지만 점차 익숙해져서 결국은 죄를 드러내 놓고 저지르기 시작합니다. 죄의 평범성에 이른 것입니다.

크리스천의 성숙

우리가 잊지 말아야 할 것이 있습니다. 그것은 우리도 변할 수 있다는 사실입니다. 한때 믿음이나 스스로 구원처럼 우리도 자기 편의대로 신앙생활을 할 수 있습니다. 그러므로 항상 깨어 자신을 살피며 걸어가는 것이 중요합니다. 그래서 존 번연은 죄와 지옥에 관한 이야기를 꺼냅니다.

> 지옥의 고통을 알고 그 두려움으로 하나님 나라에 대한 뜨거운 마음이 생기듯이 지옥에 대한 두려움이 식어 버리면 그와 마찬가지로 하나님 나라와 구원에 대한 그들의 바람 또한 식어 버리지요.

믿음을 이야기할 때 심판과 지옥을 언급하는 것이 위협적으로 보일 수 있으나 사실은 그렇지 않습니다. 예수님은 공생애를 마치시고 예루살렘에 입성하셨을 때 많은 가르침을 주셨는데, 마태복음(마 24:1-51), 마가복음(막

13:1-37), 누가복음(눅 21:5-36)에 똑같이 많은 분량의 주님의 말씀이 기록되어 있습니다. 바로 종말과 심판에 관한 말씀입니다.

이 말씀들을 주의 깊게 읽어 보면 그 초점이 심판이 아니라 구원에 있음을 알 수 있습니다. 그래서 빈번하게 공통으로 사용하는 구절이 "깨어 있으라"(마 24:42, 막 13:33, 눅 21:36)입니다.

주의하라 깨어 있으라 그때가 언제인지 알지 못함이라(막 13:33).

"깨어 있으라." 달리 말하면 방심하지 말고 늘 주의해야 한다는 뜻입니다. 주의하기 위해 심판과 종말을 기억하라고 말씀하신 것입니다. 하지만 믿음의 성숙 단계에 들어서면 더 이상 심판과 지옥은 관심에서 사라집니다. 그것 때문에 신앙을 갖지 않습니다. 구원에 이르게 된 원인이 하나님의 놀라운 사랑 때문이라는 것을 이미 알기 때문입니다.

그 순간 또 다른 형태의 두려움이 생기는데, 그것은 하나님의 사랑을 아는 지식에서 나오는 두려움입니다. 우리를 위해 십자가에 아들을 내어주기까지 하신 하나님의 사랑을 알았기 때문에 하나님을 경외하게 되는 것입니다.

여호와를 경외하는 것이 지식의 근본이거늘 미련한 자는 지혜와 훈계를 멸시하느니라(잠 1:7).

이 놀라운 사랑을 깨달은 자들은 다른 모습의 삶을 살게 됩니다. 그 무한한 사랑 때문입니다. 바울 역시 이 놀라운 사랑을 깨닫고 난 후 제정신으로 살 수 없었다고 말합니다. 그 사랑이 자신을 이끌어 가기 때문이라고 고백합니다.

> 우리가 만일 미쳤어도 하나님을 위한 것이요 정신이 온전하여도 너희를 위한 것이니 그리스도의 사랑이 우리를 강권하시는도다(고후 5:13-14).

크리스천의 성숙이란 이 같은 깨달음으로 온전히 그리스도께 속한 사람이 된 상태라고 말할 수 있습니다. 비로소 칭의의 강을 건너 성화의 길로 들어선 것입니다.

> 우리가 살아도 주를 위하여 살고 죽어도 주를 위하여 죽나니 그러므로 사나 죽으나 우리가 주의 것이로다(롬 14:8).

37. 뿔라, 이 세상의 천국

_ 천성에 이르기 전, 뿔라를 지나가다(사 62:4)

두 순례자는 미혹의 땅을 지나 **뿔라**(Beulah)의 땅으로 들어갔습니다. 뿔라 땅, 그곳은 이미 하나님이 통치하고 계시는 곳이었습니다.

그 땅에는 아주 달콤하고 부드러운 바람이 불었다. ······이곳은 사망의 음침한 골짜기 너머의 땅이었고 거인 절망의 손이 닿지 않는 곳일 뿐 아니라 의심의 성도 보이지 않았다. 그곳에서는 순례자들이 가고 있는 나라가 보였는데 그 나라에 사는 사람들도 몇 명 만났다.

사실 뿔라는 천성은 아닙니다. 그런데 이미 하늘나라의 평화가 넘쳐나고 있었습니다. 존 번연은 뿔라를 이렇게 묘사했습니다.

> 이 땅은 하나님 나라의 경계선에 있었으므로 빛나는 사람들이 자주 걸어
> 다녔던 것이다. ……이곳에서는 먹을 것과 마실 것이 모자라지 않았다.
> 순례길을 오면서 필요로 했던 것들이 풍족하게 있었기 때문이었다.

뿔라를 한마디로 표현하면 '아쉬움이 끝나는 곳'이라고 할 수 있습니다. 순례길을 오면서 필요로 했던 것들이 더는 필요하지 않은 장소였기 때문입니다.

성 전체가 진주와 보석으로 지어진 하나님 나라를 보는 것만으로도 두 사람은 설렘이 가득했습니다. 몸살이 날 정도였습니다. 그들은 아가서의 고백이 이해되었다고 말합니다.

> 너희가 내 사랑하는 자를 만나거든 내가 사랑하므로 병이 났다고 하려무
> 나(아 5:8).

설렘과 사모함으로 몸살이 났지만 그것은 행복에 겨운 아픔이었습니다. 왜냐하면 이제 더는 아쉬움이 없었기 때문입니다. 존 번연이 말한 뿔라는 곧 이 세상의 천국이었습니다.

이 세상에서 만나는 하나님 나라

사실 『천로역정』이 묘사하는 뿔라, 곧 천국의 중간 단계 같은 곳은 이 세상에 없습니다. 그렇다면 어떻게 해석해야 합니까?

존 번연은 뿔라에 대한 묘사를 이사야 62장 말씀에서 가져왔습니다.

다시는 너를 버림받은 자라 부르지 아니하며 다시는 네 땅을 황무지라 부르지 아니하고 오직 너를 헵시바라 하며 네 땅을 쁄라라 하리니 이는 여호와께서 너를 기뻐하실 것이며 네 땅이 결혼한 것처럼 될 것임이라(사 62:4).

여기서 묘사하는 땅은 포로기를 마치고 다시 회복될 예루살렘을 말합니다.

원래 쁄라의 사전적 의미는 '결혼하다', '주인이 되다'입니다. 그러니까 쁄라가 이 땅에 이루어지는 곳은 하나님과의 일치가 이루어져 완벽하게 그분의 소유가 되는 순간이라 할 수 있습니다. 이 세상의 관심사, 물질적인 것들은 다 사라지고 오로지 주님만 선명해지게 되는 순간 말입니다. 바로 그 순간이 우리가 만날 수 있는 쁄라일 것입니다.

그러므로 이사야는 상상 속의 나라로 쁄라를 묘사한 것이 아닙니다. 이미 하나님 나라를 보고 있고 온전한 예배자로 사는 그 삶이 이미 천국이 이루어진 삶을 묘사한 것임을 알 수 있습니다.

이스라엘 백성이 70년의 포로 생활을 마치고 B.C. 537년 스룹바벨의 인도로 예루살렘으로 돌아왔을 때입니다. 바벨론에서 예루살렘까지 약 1,500km나 되는 먼 거리를 한걸음에 달려온 그들이 제일 먼저 한 일은 무엇입니까? 번제를 매일 드리며 성전의 기초를 놓는 공사였습니다. 몇 달에 걸쳐 기초를 놓은 후 그들은 통곡하며 찬송했습니다.

이제 이 성전의 기초가 놓임을 보고 대성통곡하였으나 여러 사람은 기쁨으로 크게 함성을 지르니 백성이 크게 외치는 소리가 멀리 들리므로 즐거이 부르는 소리와 통곡하는 소리를 백성들이 분간하지 못하였더라(스 3:12-13).

포로 생활 동안 드리지 못했던 예배를 드리는 순간 그들은 천국을 경험한 것입니다. 그곳은 천국을 맛보는 뷰라였습니다.

분명히 『천로역정』이 묘사하는 뷰라는 없습니다. 그러나 무조건 없다고 말할 수는 없습니다. 야곱이 에서를 피해 도망칠 때였습니다. 해가 저물자 야곱은 브엘세바 광야에서 하룻밤을 지내게 되었습니다. 그는 돌 하나를 주워 베개로 삼고 거기에 누워서 자다가 꿈을 꾸었습니다. 꿈속에서 야곱은 두 순례자가 뷰라에서 본 것과 같은 광경을 보았습니다. 천사들이 예사롭지 않게 돌아다니고 있었던 것입니다.

야곱이 브엘세바에서 떠나 하란으로 향하여 가더니 한 곳에 이르러는 해가 진지라 거기서 유숙하려고 그곳의 한 돌을 가져다가 베개로 삼고 거기 누워 자더니 꿈에 본즉 사닥다리가 땅 위에 서 있는데 그 꼭대기가 하늘에 닿았고 또 본즉 하나님의 사자들이 그 위에서 오르락내리락하고(창 28:10-12).

두려움에 차 있던 야곱은 꿈을 통해 힘을 얻고 800km나 떨어진 곳, 외삼촌이 있는 하란까지 갈 수 있었습니다.

엘리야가 죽기를 자청하고 광야로 들어갔을 때 음식을 가지고 천사가 찾아온 바로 그곳도 뷰라라고 할 수 있습니다. 엘리야는 그 음식을 먹고 힘을 얻어 밤낮 40일 동안을 걸어서 자신의 사명 앞으로 나아갈 수 있었습니다.

분명히 뿔라는 저 세상적인 의미의 하나님 나라가 아니라 이 세상적인 의미의 하나님 나라입니다. 하나님의 통치가 완벽하게 이루어짐으로 아쉬움이 사라지는 지점, 온전한 평안이 이루어지는 곳이라 말할 수 있습니다.

그런 점에서 바울 역시 이 세상에서 이루어진 하나님 나라, 뿔라를 경험한 사람이었습니다.

내가 궁핍하므로 말하는 것이 아니니라 어떠한 형편에든지 나는 자족하기를 배웠노니 나는 비천에 처할 줄도 알고 풍부에 처할 줄도 알아 모든 일 곧 배부름과 배고픔과 풍부와 궁핍에도 처할 줄 아는 일체의 비결을 배웠노라 내게 능력 주시는 자 안에서 내가 모든 것을 할 수 있느니라(빌 4:11-13).

뿔라에는 고통이 있다

뿔라는 이 세상에서 경험하는 하나님 나라이지만 이 세상 나라가 하나님 나라는 아닙니다. 여전히 물리적 세상은 불의와 두려움과 인간의 욕망이 지배하는 곳입니다. 완전한 하나님 나라가 아니기 때문에 여전히 인간 세상의 고통을 만납니다. 하지만 이 세상에서 하나님 나라를 경험했기에 충분히 이길 힘을 얻습니다.

잊지 말아야 할 것은 이 세상이 우리가 이르러야 할 천성, 즉 하나님 나라는 아니라는 사실입니다. 그런 까닭에 두 순례자는 돌아갈 본향, 천성을 향한 걸음을 멈추지 않습니다.

가는 도중에 순례자들은 이 세상의 환난과 위기를 상징하는 거대한 강을 만납니다. 그 강은 성문으로 가는 길을 막고 있었습니다. 그런데 그 깊은 강에는 강을 건널 만한 다리가 하나도 없고 매우 위협적이었습니다. 강을 건너는 동안 죽을 것 같은 공포가 밀려왔습니다. 크리스천의 외침이 충분히 공감됩니다.

> 나는 깊은 물에 빠졌소. 파도가 내 머리 위로 굽이치고 있소! ……아! 사망의 고통이 나를 엄습합니다. 나는 젖과 꿀이 흐르는 땅을 보지 못할 것 같소.

아쉬움이 없는 땅, 뿔라에서도 죽음 같은 절망적인 순간을 만날 수 있습니다. 아직 하나님 나라에 이르지 않았기에, 우리가 걷고 있는 곳은 여전히 세상이기에 그런 순간을 만나는 것입니다.

그런데 더 놀라운 사실은 크리스천이 흔들린 것입니다. 다시 과거가 드러났습니다.

> 크리스천이 하는 말들은 모두 자신이 겁을 먹었다는 것과 강에서 죽게 되어 결코 성문에 들어가지 못할 것이라는 두려운 마음을 여전히 나타내 주고 있었나. 곁에 서 있던 빛나는 분들은 크리스천이 주님을 알기 전 지은 죄와 알고 난 후의 죄로 인해 괴로운 생각에 깊이 빠져 있다는 것을 알아차렸다.

심지어 크리스천은 믿음이 흔들리기까지 했습니다. 뿔라 땅을 지나며 천성이 바로 코앞에 있는데 말입니다.

죽음의 강을 건너는 크리스천과 소망

아, 소망 씨! 만약에 내가 이 길을 올바로 행하면서 왔더라면 주님께선 일어나 나를 건지셨을 것입니다. 그렇지만 나의 죄로 인해 주님은 나를 올무 가운데로 던지시고 떠나셨습니다.

사실 우리도 이 같은 상황에서는 크리스천과 같이 고통의 의미를 의심했을 것입니다. 그런데 소망이 그것을 바르게 해석했습니다.

크리스천 씨, 사악한 자들에 대한 성경 말씀을 잊으셨나요? "그들은 죽을 때에도 고통이 없고 그 힘이 건강하며 사람들이 당하는 고난이 그들에게는 없고 사람들이 당하는 재앙도 그들에게는 없나니"라고 한 시편 기자의 말씀입니다(시 73:4-5). 당신이 지금 당하는 불안과 고난은 하나님께서 당신을 버리셨다는 것이 아닙니다. 혹 하나님의 은혜를 기억하는지, 환난 가운데서도 그분의 말씀을 순종하고 그분을 의지하는지 보시려고 시험하시는 것입니다.

다시 새 힘과 용기를 얻은 두 사람은 이내 강 건너편에 이릅니다. 천사들이 그들을 맞이해 주었습니다. 이제 드디어 하늘나라로 들어가는 순간이었습니다.

두 순례자는 언덕을 쉽게 올라갔다. 구원의 영들이 순례자들의 팔을 잡아 이끌어 주었고, 강에 육체의 옷을 벗어버리고 왔기 때문이었다. 강에 들어갈 때는 그 옷을 입고 들어갔지만 나올 때는 벗어버리고 나왔던 것이다. 그 성지가 구름보다 더 높은 곳에 세워져 있었으나 그들은 민첩하게 빨리 올라갈 수 있었다. 순례자들은 무사히 강을 건넜고, 훌륭한 친구들이 함께해 주어 즐겁게 이야기를 나누며 편안하게 올라갔다.

존 번연이 말하고 있는 뿔라를 우리도 이 세상에서 경험할 수 있습니다. 하나님의 임재가 이루어진 곳이 바로 뿔라이기 때문입니다. 뿔라는 고통이 없는 곳은 아닙니다. 이 세상이기 때문입니다. 그런데 괜찮습니다. 견딜 수 있습니다. 하나님이 임재하셔서 아쉬움이 없는 상태가 되기 때문입니다. 이것이 곧 깊이 있는 신앙의 모습입니다.

38. 세상에서 사는 동안 주님을 사랑한 사람
_ 천성에 들어가다 (요 14:21)

드디어 크리스천과 소망이 천성문에 다가섰을 때였습니다.

순례자들은 성문으로 가까이 다가가다가 하나님 나라에 사는 사람들의 무리가 자기들을 맞으러 오는 것을 보았다. 빛나는 옷을 입은 두 사람이 그들에게 말했다.

빛나는 분들 : 이분들은 우리 주님을 사랑하는 지들로 세상에 있을 때 거룩하신 분의 이름을 위해서 모든 것을 버리고 주님을 따른 자들입니다. 주님께서 이들을 모셔 오라 명하셨으므로 지금 주님께로 가고 있습니다. 이들이 기쁜 낯으로 구속주의 얼굴을 뵙게 될 것입니다.

나팔을 불고 있는 천사

수많은 하늘나라 백성이 두 순례자를 마중 나왔습니다. 마치 마라톤 선수들이 경주를 마치고 올림픽 경기장 메인 스타디움으로 들어섰을 때 환호하는 관중들처럼 말입니다. 근사하지 않습니까?

다 사라지다

순례자들이 천성문에 이른 순간은 곧 이 세상이 다 끝난 순간이기도 합니다. 그리고 새로운 세상을 만난 것입니다. 이 세상 모든 것은 사라집니다. 요한계시록은 이 사실을 다음과 같이 기록했습니다.

> 하나님이 그들과 함께 계시리니 그들은 하나님의 백성이 되고 하나님은 친히 그들과 함께 계셔서 모든 눈물을 그 눈에서 닦아 주시니 다시는 사망이 없고 애통하는 것이나 곡하는 것이나 아픈 것이 다시 있지 아니하리니 처음 것들이 다 지나갔음이러라(계 21:3-4).

"처음 것들이 다 지나갔다." 이것은 영원한 것은 없다는 말입니다. 이 세상에 속한 것들이란 다 허망한 것이기 때문입니다. 전도서 기자의 고백처럼 말입니다.

> 헛되고 헛되다, 설교자는 말한다, 헛되고 헛되다. 세상만사 헛되다. 사람이 하늘 아래서 아무리 수고한들 무슨 보람이 있으랴! ……세상만사 속절없어 무엇이라 말할 길 없구나. ……지나간 나날이 기억에서 사라지듯 오는 세월도 기억에서 사라지고 말 것을. ……하늘 아래 벌어지는 일을 살

펴보니 모든 일은 바람을 잡듯 헛된 일이었다(전 1:2-3, 8, 11, 14, 공동번역).

이 세상에서 영원한 것은 없습니다. 그것이 세상입니다. 우리가 사랑하던 모든 것, 영원할 것처럼 보이던 모든 것이 사라질 것입니다. 초라해지거나 변형될 것입니다. 그러므로 빨리 알아차려야 합니다. 변하지 않는 것, 영원한 것을 추구하는 삶을 살아야 한다는 것을 말입니다.

붉은 심장 증명서

존 번연은 하나님 나라에 사는 사람들의 무리가 두 사람을 맞으러 나왔다고 했지만, 히브리서 12장 1절에서는 "구름같이 둘러싼 허다한 증인들"이라고 말하고 있습니다. 그리고 요한계시록은 이 장면을 다음과 같이 기록했습니다.

이 일 후에 내가 보니 각 나라와 족속과 백성과 방언에서 아무도 능히 셀 수 없는 큰 무리가 나와 흰옷을 입고 손에 종려 가지를 들고 보좌 앞과 어린양 앞에 서서 큰 소리로 외쳐 이르되 구원하심이 보좌에 앉으신 우리 하나님과 어린양에게 있도다 하니(계 7:9-10).

이제 유한한 세상에서 영원한 나라로 들어온 것입니다. 여기서 매우 상투적인 질문을 던지고자 합니다. 두 순례자는 어떻게 하늘나라의 영원에 참여할 수 있었던 것입니까?

크리스천과 소망은 하늘나라 문 안으로 들어갈 때 순례의 길 입구에서

받았던 증명서를 내보였습니다. 존 번연은 그것이 무엇인지를 처음부터 정확하게 설명하지 않았습니다.

두 순례자와 마찬가지로 성문까지 이른 사람이 있었습니다. 앞에서 살핀 무지였습니다. 무지는 샛길을 택하긴 했어도 주님을 믿는 사람이었습니다. 그는 성문 앞에서 이렇게 자신을 소개했습니다.

나는 주님 앞에서 먹고 마셨습니다. 주님은 거리에서 우릴 가르치셨고요 (눅 13:26).

그런데 그는 증명서가 없어서 지옥으로 가야 했습니다. 크리스천과 소망에게는 있고, 무지에게는 없는 그 증명서는 무엇입니까? 성문 앞에서 천사들이 하늘나라 수많은 백성에게 두 사람을 소개하는 말에서 짐작할 수 있을 것 같습니다.

이분들은 우리 주님을 사랑하는 자들로 세상에 있을 때 거룩하신 분의 이름을 위해서 모든 것을 버리고 주님을 따른 자들입니다.

존 번연이 구체적으로 말하지 않은 그 승명서란 '주님을 사랑하는 이들의 붉은 심장'이라고 생각합니다. 주님을 사랑하는 붉은 심장 앞에 주님도 자신을 드러내고 만나겠다고 하셨기 때문입니다. 존 번연은 바로 그 구절, 요한복음 14장 21절을 염두에 둔 것으로 보입니다.

나를 사랑하는 자는 내 아버지께 사랑을 받을 것이요 나도 그를 사랑하여 그에게 나를 나타내리라(요 14:21).

영원한 하나님 나라로 들어가는 증명서는 바로 '사랑'이었던 것입니다. 세상에 사는 동안 주님을 사랑해서 모든 것을 주님을 위해 버리는 것이 당연했던 사랑 말입니다. 그 사랑이 증명서였던 것입니다.

주님을 사랑하는 사람을 맞아들이는 것은 당연한 일이 아니겠습니까? 그에게는 믿음을 물어볼 필요도 없습니다. 그의 사랑 속에 이미 믿음이 내포되어 있기 때문입니다. 늘 주님을 꿈꾸고 주님을 사랑하며 걸어온 그에게 영원한 나라가 주어지는 것, 정확히 말하면 주님과 늘 함께하는 삶을 살게 되는 것, 그것은 당연한 일이 아니겠습니까?

「이 사람이 바로 그 사람입니다」

이 사람은
주님을 그리워하며
주님을 사랑하며
세상을 살다 온 사람입니다

이 사람은
그렇게 사람들이 즐기는
세상의 쾌락과 즐거움도
세상의 명예와 권세도
주님을 사랑하는 것과 바꾸지 않았습니다

이 사람은

주님을 사랑하기 때문에

세상에서 만나는 불이익

가난함과 고통도

얼마든지 즐겁게 받아들였습니다

이 사람이

바로 주님이 그토록 보고 싶어 하던

바로 그 사람입니다

이 사람이

바로 하루라도 빨리 주님 곁으로 왔으면

학수고대하던 바로 그 사람입니다

이 사람이

바로 그 사람입니다

이렇게 주님을 사랑하면서 함께 이 세상을 걸어갔으면 합니다. 저도 바로 이 사람이 되었으면 합니다. 이 사람이 즐겨 부르던 노래, 함께 나누고 싶습니다.

내가 꿈꾸는 그곳은 나의 님이 계신 곳

정다운 그의 얼굴 바라보며 마음껏 미소질 거야

나의 사랑하는 님이여 나를 놓지 마오
사랑하는 님이여 나의 귀에 속삭여 주오
나를 가장 사랑하여 모든 것을 내어놓은
나의 사랑하는 님이여

내가 꿈꾸는 그곳은 나의 님과 춤추는 곳
정다운 그에 팔에 안기어 마음껏 웃어댈 거야

나의 사랑하는 님이여 나를 놓지 마오
사랑하는 님이여 나의 귀에 속삭여 주오
나를 가장 사랑하여 모든 것을 내어놓은
나의 사랑하는 님이여

내가 꿈꾸는 그곳은 나의 님과 속삭이는 곳
정다운 그의 손을 잡고 밤새 노래할 거야

나의 사랑하는 님이여 나를 놓지 마오
사랑하는 님이여 나의 입술에 꿀 같은 당신
당신의 그 사랑 안에서 나를 녹여 주오
나의 사랑하는 님이여

나의 사랑하는 님이여

(「내가 꿈꾸는 그곳」, 배송희 작사 · 작곡)

하늘나라에 이르는 사랑

오로지 사랑만이 남을 것입니다. 주님을 사랑하며 믿음으로 걸어온 우리의 심장이 통행증이 될 것입니다. 그 사랑 때문에 우리는 죽음 이후에도 영원히 주님과 함께할 것입니다.

> 그런즉 믿음, 소망, 사랑, 이 세 가지는 항상 있을 것인데 그중의 제일은 사랑이라(고전 13:13).

이번에는 공동번역으로 읽어 보겠습니다.

> 그러므로 믿음과 희망과 사랑, 이 세 가지는 언제까지나 남아 있을 것입니다. 이 중에서 가장 위대한 것은 사랑입니다(고전 13:13, 공동번역).

우리는 진정한 사랑을 해야 합니다. 이 세상 이후에도 이어질 사랑 말입니다. 정말 기막히지 않습니까?

꼭 만나고 싶다

드디어 크리스천과 소망이 천성에 들어섰습니다. 존 번연은 그 장면을 이렇게 묘사합니다.

> 나는 꿈에서 두 순례자가 성문으로 들어가는 것을 보았다. 그런데 문에

들어설 때 그들은 모습이 바뀌었다. 금처럼 빛나는 옷을 입고 있었다! 그들은 또한 거문고와 면류관을 받았는데 거문고는 하나님을 찬양하기 위함이고 왕관은 영예를 나타내는 것이었다. 나는 꿈에서 그 성 안에 있는 모든 종들이 다시 기쁨의 종소리를 울리는 것을 들었다. 그때 순례자들에게 이런 말이 들려왔다. "네 주인의 즐거움에 참여할지어다"(마 25:23). 나는 또한 그들이 큰 소리로 노래하며 "보좌에 앉으신 이와 어린양에게 찬송과 존귀와 영광과 권능을 세세토록 돌릴지어다"(계 5:13)라고 말하는 것을 들었다.

분명히 그날이 올 것을 믿습니다. 내세적 의미에서 영원한 하나님 나라가 있음을 믿습니다. 그곳에서 내 어머니도 만나고 싶습니다. 내 아내와 내 사랑하는 사람들도 만나고 싶습니다. 꼭 만나고 싶습니다.

사명선언문

너희가 흠이 없고 순전하여……세상에서 그들 가운데 빛들로
나타내며 생명의 말씀을 밝혀 _ 빌 2:15-16

1. 생명을 담겠습니다
만드는 책에 주님 주신 생명을 담겠습니다.
그 책으로 복음을 선포하겠습니다.

2. 말씀을 밝히겠습니다
생명의 근본은 말씀입니다.
말씀을 밝혀 성도와 교회의 성장을 돕겠습니다.

3. 빛이 되겠습니다
시대와 영혼의 어두움을 밝혀 주님 앞으로 이끄는
빛이 되는 책을 만들겠습니다.

4. 순전히 행하겠습니다
책을 만들고 전하는 일과 경영하는 일에 부끄러움이 없는
정직함으로 행하겠습니다.

5. 끝까지 전파하겠습니다
모든 사람에게, 땅 끝까지, 주님 오시는 그날까지
복음을 전하는 사명을 다하겠습니다.

서점 안내

광화문점　서울시 종로구 새문안로 69 구세군회관 1층
　　　　　　02)737-2288 / 02)737-4623(F)

강남점　　서울시 서초구 신반포로 177 반포쇼핑타운 3동 2층
　　　　　　02)595-1211 / 02)595-3549(F)

구로점　　서울시 동작구 시흥대로 602, 3층 302호
　　　　　　02)858-8744 / 02)838-0653(F)

노원점　　서울시 노원구 동일로 1366 삼봉빌딩 지하 1층
　　　　　　02)938-7979 / 02)3391-6169(F)

일산점　　경기도 고양시 일산서구 중앙로 1391 레이크타운 지하 1층
　　　　　　031)916-8787 / 031)916-8788(F)

의정부점　경기도 의정부시 청사로47번길 12 성산타워 3층
　　　　　　031)845-0600 / 031)852-6930(F)

인터넷서점　www.lifebook.co.kr